Anonymous

Führer für die Besucher der Centennial Ausstellung und

Philadelphia

Anonymous

Führer für die Besucher der Centennial Ausstellung und Philadelphia

ISBN/EAN: 9783744668750

Hergestellt in Europa, USA, Kanada, Australien, Japan

Cover: Foto ©Andreas Hilbeck / pixelio.de

Weitere Bücher finden Sie auf **www.hansebooks.com**

Unterwirf diese Karte einem sorgfältigen Studium.

Karte eines Theils von Philadelphia

mit Angabe der Punkte von Interesse unter Bezugnahme auf den Inhalt des Führers.

Diese Karte zeigt unter andern Punkten von Interesse:

1. Die Lage des Ausstellungsplatzes und der Gebäude.

2. Die Eisenbahn- und Straßenbahn-Linien und Bahnhöfe. Straßenbahnen welche nördlich und östlich laufen, sind mit einer Linie ———, und diejenige welche südlich und westlich laufen mit einer punktirten Linie .... bezeichnet.

3. Die Lage wichtiger Gebäude mit den entsprechenden Nummern welche im Führer angegeben sind.

4. Die Lage der Punkte von geschichtlichem Interesse. Getreide-Aufzüge, Kohlwerften, Oelhöfe, u. s. w.

5. Die Abfahrtspunkte von Zügen nach den Seebädern.

6. Entfernungen von dem neuen Stadtgebäude auf Broad- und Marketstraßen, durch Halb-Meilenkreise angezeigt.

7. Den Theil von Philadelphia, welcher vor hundert Jahre aufgebaut war.

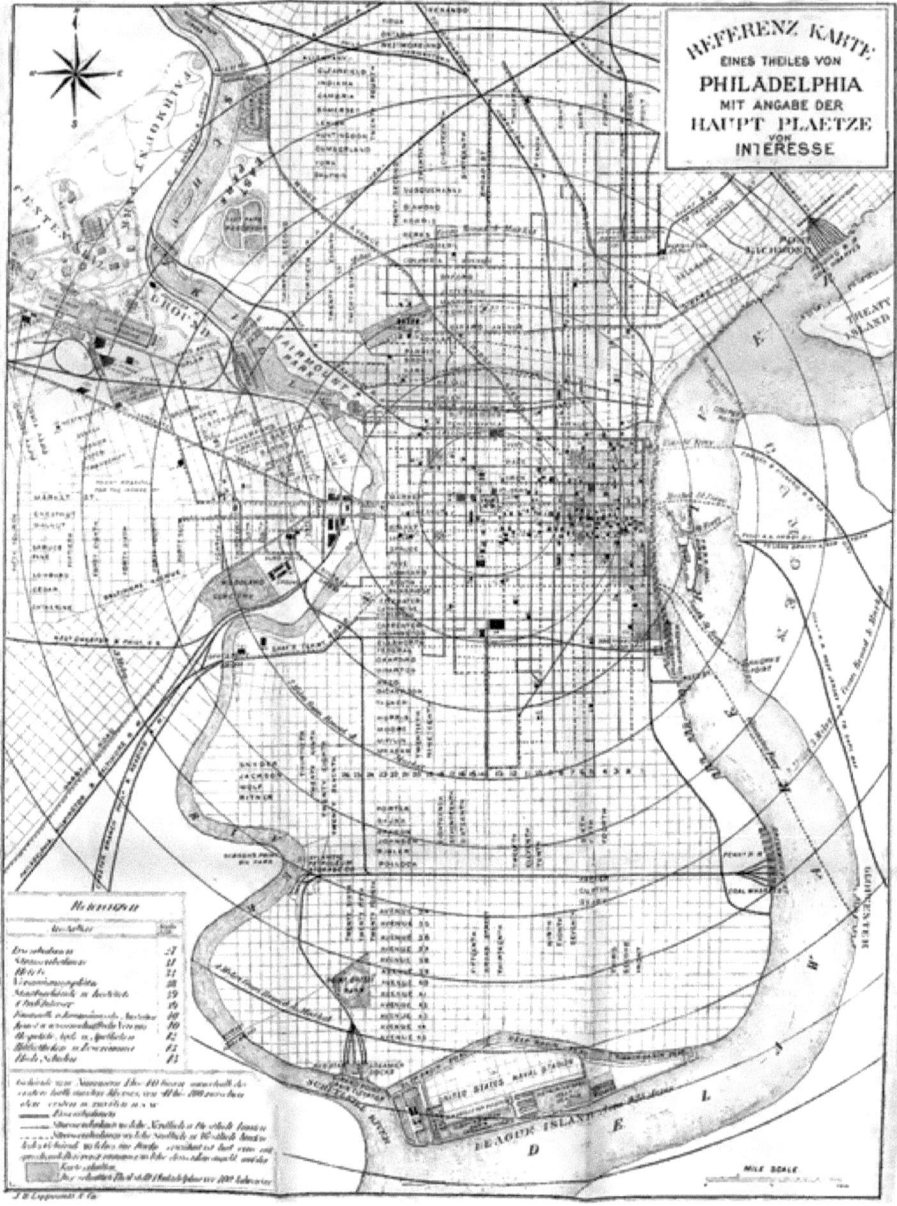

REFERENZ KARTE
EINES THEILES VON
PHILADELPHIA
MIT ANGABE DER
HAUPT PLAETZE
VON
INTERESSE

1776   1876

Führer

für die Besucher der

Centennial Ausstellung

und

Philadelphia.

Vom 10ten Mai bis zum 10ten November 1876.

Autorisirt von der Centennial Finanzbehörde

unter Genehmigung des General Directors.

Der einzige Führer

welcher auf dem Ausstellungsplatze verkauft wird.

Philadelphia:
J. B. Lippincott & Co.

Inhaltsverzeichniß.

In allen Sprachen gedruckt.

Die Centennial Ausstellung
und
Philadelphia.

Einleitung.

Der Besucher der Centennial Ausstellung und Philadelphia's wird gut daran thun, sich vor seiner Abreise mit den Verhältnissen und dem Umfang der Ausstellung und Stadt bekannt zu machen, um sich ein gewisses Programm zu entwerfen.

Die passendste und angenehmste Route um nach Philadelphia zu gelangen sollte gewählt, und alle Auskunft von Interesse für den Reisenden, erlangt werden.

Der Besucher sollte mit den Namen und Lagen der Hotels, deren Art und Weise, sowie auch mit deren Preisen, vertraut sein, und wissen auf welchem Wege er nach denselben gelangen kann. Er sollte ferner wissen wie er nach der Ausstellung gelangen kann, sollte deren Ausdehnung und der Zeit, welche es in Anspruch nimmt um Alles zu sehen, Rechnung tragen. Wenn seine Zeit beschränkt ist, so sollte er wissen wie er sie am besten anwenden kann um das Vorzüglichste und Interessanteste zu sehen, und auch die Sehenswürdigkeiten in und um Philadelphia kennen, und wissen auf welche Weise er solche erreichen kann.

Es ist der Zweck dieses „Führers" den Besucher in den Stand zu setzen sich mit Allem bekannt zu machen, ehe er nach Philadelphia kömmt, und ihm nach seiner Ankunft treu zur Seite zu stehen.

Folgender Denkschrift und den darauf folgenden Schritten des Congresses und der Executive ist der Besucher für das herrliche Schauspiel zu Danke verpflichtet, welches ihn zwischen dem 10ten Mai und 10ten November 1876 erwartet, wenn alle Nationen der civilisirten Welt an der großen Feier der hundertjährigen Unabhängigkeit der Vereinigten Staaten Amerika's Theil nehmen werden.

Denkschrift.
An den Senat und die Vertreter der Vereinigten Staaten.

Da die Unabhängigkeitserklärung in Philadelphia geschrieben und von ihren patriotischen Urhebern unterzeichnet wurde, und von dieser Stadt aus die Kunde an die Welt erging, und da das hundertjährige Jubiläum dieses denkwürdigen und entscheidenden Wendepunkts der Geschichte unseres Landes immer näher heranrückt, so ist es die Pflicht des Volkes der Vereinigten Staaten, dessen Feier durch solche Bezeigungen und geeignete Festlichkeiten zu begehen, wie es einer Nation ansteht welche sich so rasch aus ihrer schwachen Kindheit zu einer mächtigen und wohlfahrenden Stellung heraufgeschwungen hat, um gleichzeitig die Achtung aller Regierungen und die Bewunderung der Welt hervorzurufen.

Um daher eine Wallfahrt nach dem Mecca der amerikanischen Nationalität, und der Heimath der amerikanischen Unabhängigkeit, an einer so denkwürdigen Gelegenheit herbeizuführen, ist der weise Vorschlag gemacht worden, daß eine Internationale Ausstellung von Kunstgegenständen, Manufacturen und Erzeugnissen des Bodens und der Bergwerke unter den zu begehenden Feierlich-

3

keiten des hundertjährigen Jubiläums einen hervorregenden Rang einnehme, da wir auf diese Weise den unvergleichlichen Fortschritt auf dem Gebiete der Kunst und Wissenschaften, und die verschiedenen Erfindungen des menschlichen Genie's im Interesse der Cultur, zu illustriren im Stande sein werden, im Gegensatze zu den unbedeutenden Machwerken, welche vor einem Jahrhunderte erstanden sind.

Was für ein Punkt wäre geeigneter für die Erreichung dieses Zweckes als die Wiege der Freiheit unseres Landes, oder welche Zeit wäre passender als das hundertjährige Jubiläum, desjenigen Jahres, in welchem seine Freiheit geboren wurde?

Zur Förderung dieses, in seinem Charakter, wahrhaft nationalen, und in seinem Geiste, so lobwürdigen Unternehmens, haben die Stadträthe der Stadt Philadelphia, die Verwalter des Franklin Instituts und der gesetzgebende Körper des Staates Pennsylvania, Committees ernannt, welche, mit der Autorität der Körper welche sie vertreten, bekleidet, den Congreß ehrerbietig bitten mögen, durch seine Schritte die Thatsache anzuerkennen, daß Philadelphia die Stadt und das Jahr 1876 die Zeit sei, und mit gutem Recht sein sollte, um eine Ausstellung der Industrieen aller Nationen einzuweihen.

Nachdem derartige Schritte, welche Ihre Weisheit für gut halten mag, getroffen sein werden um dieses große Vorhaben unter Ihre Sorgfalt und Controlle zu bringen, hoffen wir daß es dem Präsidenten der Vereinigten Staaten gestattet sein wird zur gehörigen Zeit, die Theilnahme aller Regierungen zu erbitten.

Ehrerbietig unterbreitet:

Committee der Select und Common Councils von Philadelphia.

A. H. Franciscus,
Wm. Bumm,
Geo. W. Plumly,
Daniel P. Ray,
J. C. Gilbert, M.D.,
Jno. J. Hargadon,
Louis Wagner,
Präs. Comm. Council.

E. A. Shallcross,
Samuel G. King,
Geo. H. Smith,
Geo. J. Hetzell,
Thos. A. Barlow,
Sam. W. Cattell,
Präs. Select Council.

John Cochran,
R. W. Shields,
G. W. Nickels,
A. Kline,
Geo. W. Hall,
Jno. Bardsley,
J. L. Shoemaker,
Vorsitzender.

Daniel M. Fox,
Bürgermeister.

Committee des Franklin Instituts.

Frederick Fraley,
Enoch Lewis,

B. H. Moore,
J. Vaughn Merrick,

William Sellers, Vorsitzender.

Committee des Gesetzgebenden Körpers von Pennsylvania.

A. Wilson Henszey,
Arthur G. Olmsted,
Charles R. Buckalew,
Charles H. Stinson,
Sprecher des Senats.

Alexander Adaire,
T. B. Schnatterly,
R. Johnson, Vorsitzender,
Butler B. Strang,
Sprecher des Hauses.

John L. Shoemaker,
Vorsitzender des gemischten Committees.

Attest: Benjamin H. Haines,
Secretär des Select Council von Philadelphia
und des gemischten Committees.

Philadelphia den 24sten Februar 1870.

Die Schritte des Congresses und der Executive sind kurz gefaßt, folgende:

1. 3ten März 1871. Eine Congreßakte verfügt, daß eine Ausstellung von amerikanischen und ausländischen Kunstgegenständen, Producten und Fabrikaten im Jahre 1876 in Philadelphia abgehalten werden soll, und ernennt gleichzeitig die Centennial=Commission der Vereinigten Staaten.

2. 1sten Juni 1872. Eine Congreßakte erschafft die Centennial Finanzbehörde und ernennt deren Mitglieder, trägt Sorge für eine Behörde von fünf und zwanzig Directoren und limitirt das Grundkapital auf zehn Millionen Dollars.

3. 3ten Juli 1873. Eine Proklamation des Präsidenten verkündet die Weltausstellung von Kunstgegenständen, Fabrikaten und Producten, und empfiehlt dieselbe dem amerikanischen Volke und allen Nationen an.

4. 5ten Juli 1873. Ein Rundschreiben des Staatssecretärs an alle auswärtigen Minister, enthält eine Abschrift der Proklamation des Präsidenten vom 3ten Juli 1873 zur Richtschnur der ausländischen Regierungen.

5. 23sten Januar 1874. Ein Executivbefehl des Präsidenten setzt eine Behörde ein, welche die executive Abtheilung, das Smithsonian Institut und die landwirthschaftliche Abtheilung, vertreten soll.

6. 5ten Juni 1874. Eine Congreßakte ersucht den Präsidenten, im Namen der Vereinigten Staaten, die auswärtigen Regierungen zur Theilnahme an der Ausstellung einzuladen.

7. 16ten Juni 1874. Eine Congreßakte verfügt, daß geeignete Medaillen in der Münze von Philadelphia geschlagen werden sollen.

8. 18ten Juni 1874. Eine Congreßakte verfügt, daß Gegenstände, welche zum Zwecke der Ausstellung importirt werden, zollfrei sind.

Die Centennial=Ausstellung.

Die ganze Arbeit der Vorbereitungen für die Weltausstellung von Kunstgegenständen, Fabrikaten, Producten und Erzeugnissen des Bodens und der Bergwerke, ist das Werk zweier executiven Körper. Die Centennial-Commission der Vereinigten Staaten arbeitete alle nöthigen Statuten und Maßregeln aus, welche zur Leitung und Ausführung dieses großartigen Unternehmens erforderlich waren, während es der Centennial=Finanzbehörde anheim fiel, die nöthigen Mittel zu verschaffen, um die Pläne der Commission verwirklichen zu können. Ein schwieriges Werk in Anbetracht des gedrückten Geschäftsganges!

Die Centennial=Finanzbehörde hat alle Verträge abgeschlossen und alle Bauarbeiten beaufsichtigt; auch hat dieselbe Gesuche für die Errichtung von Anhängen und sonstigen Gebäuden entgegengenommen, und die nöthigen Concessionen gemacht.—

Die Anhänge werden, wie wir später zeigen werden, einen wichtigen und interessanten Theil der Ausstellung bilden.

Die Centennial=Commission der Frauen ist in ihren Bemühungen unermüdlich gewesen, und hat nicht allein der Finanzbehörde großen Beistand geleistet, sondern auch die Sache an und für sich, unendlich gefördert.

Die Centennial=Behörden.

Die Centennial-Commission der Vereinigten Staaten.

Büreaux auf dem Ausstellungsplatze.
(Karte No. 9, in der Nähe von Thor O.)

Joseph R. Hawley, Präsident.

Vice=Präsidenten.

Orestes Cleveland,	Thomas H. Coldwell,
John D. Creigh,	John McNeil,
Robert Lowry,	William Gurney.

Alfred T. Goshorn, General Director.

John L. Campbell, Secretär.

John L. Shoemaker, Rathgeber und Anwalt.

Executiv Committee.

Daniel J. Morell, Vorsitzender.

Alfred T. Goshorn,	R. C. McCormick,	G. B. Loring,	S. F. Phillips,
N. M. Beckwith,	John Lynch,	F. L. Matthews,	J. C. Dexter,
A. R. Boteler,	T. P. Kimball,	W. P. Blake,	J. T. Bernard.

J. R. Hawley, Präsident ex-officio.

Myer Asch, Dorsey Gardner, Hülfssecretäre.

Häupter der Administrations=Büreaux.

Ausland—Der General Director.	Maschinerie—John S. Albert.
Einstellung—Henry Pettit.	Landwirthschaft—B. Landreth.
Transport—D. Torrey.	Gartenbau—C. H. Miller.
Kunst—John Sartain.	Arzneikunde—Wm. Pepper, M. D.
Preisvertheilung—Charles J. Stillé, LL. D.	

Centennial Finanz=Behörde.

Büreaux auf dem Ausstellungsplatze.
(Karte No. 8, in der Nähe von Thor A.)

John Welsh, Präsident.

Vice=Präsidenten.

William Sellers.	John S. Barbour.

Directoren.

Samuel M. Felton,	John Wanamaker,	A. S. Hewitt,
Daniel M. Fox,	J. P. Wetherill,	John Cummings,
Thomas Cochran,	Henry Winsor,	John Gorham,
Clement M. Biddle,	W. L. Strang,	Chas. W. Cooper,
N. Parker Shortridge,	Amos R. Little,	William Bigler,
James M. Robb,	John Baird,	Robert M. Patton,
Edward T. Steel,	Thomas H. Dudley,	J. B. Drake.
	George Bain,	

Frederick Fraley, Secretär und Schatzmeister.

William Bigler, Finanzieller Agent.

Ingenieure und Architekten.

Henry Pettit,	Jos. M. Wilson,	H. J. Schwarzmann.

Beamte des Executiv-Committee's der Frauen.

Mrs. E. D. Gillespie, Präsidentin.

Mrs. John Sanders, Vice=Präsidentin.	Mrs. R. P. White, Secretärin.

Mrs. F. M. Etting, Schatzmeisterin.

Programm der Ereignisse

während des

Centennial-Jahres, 1. Januar bis 31. December 1876.

Die Centennial Ausstellung.

Empfang von Gegenständen beginnt am 5ten Januar.
Empfang von Gegenständen endet den 19ten April.
Nicht in Anspruch genommener Raum verfällt den 26sten April.
Haupt-Ausstellung wird eröffnet den 10ten Mai.
Große Festlichkeiten auf dem Ausstellungsplatze den 4ten Juli.
Prüfung von Erntemaschinen, Juni und Juli.
Prüfung von Dampfpflügen und Ackergeräthschaften, September u. Oktober.
Ausstellung von Pferden, Maulthieren und Eseln, vom 1sten September bis 15ten September.
Ausstellung von Hornvieh, 20sten September bis 5ten Oktober.
Ausstellung von Schafen, Schweinen, Ziegen und Hunden, 10ten Oktober bis 25sten Oktober.
Ausstellung von Geflügel, 28sten Oktober bis 10ten November.
Schluß der Haupt-Ausstellung, den 10ten November.
Ausstellungs-Gegenstände müssen entfernt worden sein, den 31sten December.

Versammlungen von Vereinen, Paraden, Wettschießen, Wettrudern, u. s. w.

Knights Templar, (Freimaurer), jährliche Versammlung, den 30sten Mai.
Knights Templar, (Freimaurer), große Parade, den 1sten Juni.
Order of Good Templars, außergewöhnliche Versammlung, den 13ten Juni.
Internationales Wettrudern, (New Yorker Hafen,) den 22sten Juni.
Wettsegeln in Yachts auf dem Delaware Fluß, im Juni.
Sons of Temperance, außergewöhnliche Versammlung, im Juni.
Internationale Reihe von Cricket Wettspielen, Juni und September.
Congreß der Schriftsteller, in der Independence Halle, den 2ten Juli.
Parade von Irischen Vereinen, (Weihung der Fontäne), den 4ten Juli.
Militär-Parade, den 4ten Juli.
United American Mechanics, Parade, den 8ten Juli.
Knights of Pythias, Parade, den 22sten August.
Internationales Wettrudern, 20sten August bis 15ten September.
Internationales Wettschießen, im September.
Internationaler Congreß der Aerzte, den 4ten September.
Independent Order of Odd Fellows, Parade, den 20sten September.

Der Ausstellungsplatz.

Wie man nach demselben gelangt und welche Maßregeln für die Bequemlichkeit der Besucher getroffen sind.

Die Ausstellungsgebäude stehen in unmittelbarer Verbindung mit dem ganzen Eisenbahnsystem des Landes und befinden sich zwei umfangreiche Bahnhöfe in der Nähe des Ausstellungsplatzes.

Dieselben stehen ebenfalls in unmittelbarer Verbindung mit dem ganzen Straßenbahnsystem der Stadt Philadelphia, welches sich am Haupt= oder Belmont Avenue Eingang, concentrirt. (Siehe beifolgende Karten).

Dreizehn Eingänge führen in den Ausstellungsplatz.

Derselbe ist von 9 Uhr Morgens bis 8 Uhr Abends dem Publikum geöffnet.

Der Eintrittspreis ist auf 50 Cents gestellt, welcher in einer einzigen Note am Eingang entrichtet werden muß. Dieses Eintrittsgeld giebt dem Besucher zu allen Sehenswürdigkeiten Zutritt, so lange er innerhalb der Einfriedigung verweilt.

Eine, auf enggelegten Schienen laufende Eisenbahn, welche mit ihrer Ausstattung als ein spezieller Ausstellungsgegenstand geliefert worden ist, wird innerhalb der Einfriedigung eine drei Meilen lange Strecke befahren, und Passagiere zum Preise von 5 Cents aufnehmen.

Rollstühle zur Beförderung von Besuchern sind auf bestimmten Stationen in den Hauptausstellungs-Gebäuden, zu miethen. Mit Bedienung wird nicht mehr als 75 Cents per Stunde für deren Benutzung berechnet werden, ohne Bedienung nicht mehr als 35 bis 50 Cents per Stunde, je nach der Klasse der Stühle. Eine Preisermäßigung tritt ein, wenn Stühle auf längere Dauer gemiethet werden.

Gewöhnliche ·Stühle, welche von den Besuchern benutzt werden können, sind ebenfalls auf bestimmten Plätzen in den Hauptgebäuden vorzufinden.

Sodawasser-Fontänen sind an geeigneten Punkten innerhalb der Hauptgebäude und in speziellen Pavillons angebracht. Preis 10 Cents per Glas.

Im öffentlichen Comforthause ist für alle erdenklichen Annehmlichkeiten der Besucher gesorgt. Es befinden sich daselbst abgesonderte Zimmer für Herren und Damen, Toilettenzimmer, Barbierstuben, Garderoben= und Gepäckzimmer, woselbst alle Arten von Packeten, unter Aushändigung einer Marke, aufgehoben werden. Marken werden ebenfalls für Wagen und Pferde ausgehändigt, welche an dem dazu bestimmten Platze unter Aufsicht gestellt werden.

Der Telegraphendienst umfaßt ein Hauptbüreau in Verbindung mit zahlreichen Nebenstationen, welche sich auf allen Theilen des Platzes und der Gebäude, auch auf dem Wagenplatze, befinden.

Eine Anzahl leichter Omnibusse, in welchen 10 Passagiere bequem Platz finden können, werden von der Stadt nach dem Ausstellungsplatze fahren. Fahrpreis: 50 Cents per Passagier für jede Route.

Die Centennial-National-Bank hat an gelegenen Orten Zweigbüreaux errichtet und wird Geld= und Wechselgeschäfte abschließen, Creditbriefe ausstellen und den Besuchern alle möglichen Erleichterungen in ihren Bankgeschäften gewähren.

Besuch des Platzes und der Gebäude.

Es ist von großer Wichtigkeit, daß der Besucher mit sich im Klaren sei welchen Theil der Ausstellung er besuchen, und auf welche Weise er dies zu Stande bringen will, ehe er sich nach dem Ausstellungsplatze begiebt. Mit Hülfe dieses **Führers** wird es ihm nicht schwer fallen eine Entscheidung zu treffen.

Wenn dem Besucher genug Zeit zur Verfügung steht, um alle Sehenswürdigkeiten, welche ihm die Ausstellung bietet, in Augenschein zu nehmen, so kann er folgenden Plan verfolgen:

1. Sollte er sich genau mit dem Plane und den Arrangements des Platzes und der Gebäude bekannt machen, indem er diesen **Führer** einem sorgfältigen Studium unterwirft.

2. Nach der Ankunft auf dem Platze, nimm einen Sitz in einem der Eisenbahnzüge, welche daselbst laufen und sich rasch hintereinander folgen. Die Runde des ganzen Platzes ist auf diese Weise im Zeitraum von 20 Minuten und für 5 Cts. gemacht, und der Besucher empfängt eine vorzügliche, allgemeine Idee des Platzes und der Lage der Gebäude.

3. Mache eine Tour durch alle Hauptgänge der fünf hauptsächlichen Gebäude und des Regierungs-Gebäudes der Vereinigten Staaten. Fünf und zwanzig Meilen werden auf diese Weise in den Gebäuden und auf dem Wege von einem zum andern durchschritten, welches ungefähr drei Tage in Anspruch nimmt wenn die Tour rasch zurückgelegt wird. Unterwegs wird der Besucher Erfrischungen jeder Art vorfinden, welche gegen mäßigen Preis verabreicht werden.

4. Der Besucher mag vorziehen, einen Rollstuhl zu miethen, anstatt die Tour zu Fuße zu machen. Jedenfalls sollte er die Notizblätter, mit welchen dieser **Führer** versehen ist, dazu benutzen um die Punkte von besonderem Interesse, nach welchen er späterhin zurückkehren möchte um sie einer genaueren Untersuchung zu unterwerfen, zu verzeichnen.

Dieser Plan, welcher darin besteht, den Ausstellungsplatz und die Gebäude rasch zu durchstreifen, und alsdann nach den Punkten, welche ein besonderes Interesse erwecken, zurückzukehren, ist allerdings dem gewöhnlichen Plan eines zwecklosen Umherstreifens vorzuziehen, welcher ermüdet und Zeit raubt, ohne dem Besucher eine richtige Idee des Gesehenen einzuprägen.

Wenn es der Wunsch des Besuchers sein sollte, gewisse Artikel in Augenschein zu nehmen, welche von allen Nationen ausgestellt sind, so sollte er sich mit Hülfe des „Officiellen Catalogs" und der diesem **Führer** beigegebenen Karten, genaue Notizen über die Lokalitäten machen, in welchen sich die Artikel befinden, die er zu sehen wünscht, und zwar sollte dies geschehen ehe er sich nach der Ausstellung begiebt.

Der Besucher kann sich durch die Säulen, welche die Dächer der Gebäude tragen, leicht orientiren, da solche mit den entsprechenden Buchstaben und Zahlen versehen sind. In dem Haupt-Ausstellungsgebäude laufen die Buchstaben von Norden nach Süden, und die Zahlen von Westen nach Osten; in der Maschinenhalle laufen die Buchstaben von Norden nach Süden und die Zahlen von Osten nach Westen.

Sollte der Besucher die Ausstellungs-Gegenstände und die Gebäude einer speziellen Nation zu sehen wünschen, so braucht er nur diesen **Führer** zu Rathe zu ziehen, auf dessen Karte des Ausstellungsplatzes und der Gebäude die genaue Lage des Platzes einer jeden Nation verzeichnet ist.

Die Ausstellungs=Gebäude.

Zwei hundert und sechs und dreißig Morgen des schönsten Theiles des Fairmount Parks sind zu den Zwecken der Ausstellung in Anspruch genommen
worden. Der Platz liegt durchschnittlich hundert Fuß über dem Spiegel des
nahebei fließenden Schuylkill Flusses. Die Einfriedigung, welche über drei
Meilen lang ist, hat dreizehn Eingänge, von denen jeder mit einem Drehkreuz
versehen ist, welches die Anzahl der Besucher, vermittelst einer eigenen Vorrich-
tung, registrirt. Außerdem sind Eingänge zur ausschließlichen Benutzung
von Beamten und Personen, welche freien Zutritt haben, hergestellt Für
Ausstellung von Thieren, Versuche mit Ackergeräthschaften und internationale
Wettspiele sind geeignete Plätze reservirt worden.

Innerhalb der Einfriedigung befinden sich die fünf Haupt=Ausstellungsge-
bäude und ungefähr hundert und fünfzig andern Gebäulichkeiten, (Annexe
oder Anhänge), welche verschiedenen Zwecken gewidmet sind.

Jedes wichtige Gebäude, welches sich auf dem Ausstellungsplatze befindet
und eine offizielle Nummer erhielt, ist auf der Karte des Ausstellungsplatzes,
welche einen Theil dieses Werkchens bildet, verzeichnet.

Die offiziellen Nummern, welche hier angegeben sind, wurden von den Eigenthümern dieses **Führers** unter Einwilligung und Genehmigung des General-
Directors der Centennial=Commission und laut Abschluß mit der Centennial-
Finanzbehörde, adoptirt. Das Verlagsrecht dieser Nummern gehört ausschließlich obenerwähnten Eigenthümern des **Führers** an.

Ueber allen Eingängen zu den Gebäuden weht ein nummerirtes Banner,
über welchem sich eine kleine Fahne befindet. Die Farbe der Fahne stimmt
mit der Farbe der Bannerkante überein und bezeichnet die Klasse, welcher
das Gebäude angehört folgendermaßen:

Blau,—Gebäude, welche von der Centennial=Commission errichtet wurden.

Roth,—Gebäude der Vereinigten Staaten und des Staates.

Weiß,—Ausländische Gebäude.

Gelb,—Restaurationen, Vergnügungsplätze, u. s. w.

Grün,—Vermischte Gebäulichkeiten.

Um die Orientirung zu erleichtern, ist folgenden vier Unterabtheilungen des
Ausstellungsplatzes eine separate Nummerirung zu Theil geworden.

1. Gebäude, welche südlich von der Avenue der Republic liegen, tragen auf
ihrem Banner blaue Nummern zwischen 1 und 50.

2. Gebäude, welche nördlich von der Avenue der Republic, und westlich von
der Belmont Avenue liegen, tragen auf ihren Bannern rothe Nummern
zwischen 50 und 100.

3. Gebäude, welche östlich von der Belmont Avenue, und südlich von der
Fountain Avenue liegen, tragen auf ihren Bannern gelbe Nummern zwischen 100 und 150.

4. Gebäude, welche östlich von Belmont Avenue, und nördlich von der
Fountain Avenue liegen, tragen auf ihren Bannern weiße Nummern zwischen 150 und 200.

Die Annexe sind auf Privatkosten und unter Erlaubniß der Centennial
Finanzbehörde errichtet worden. Die Errichtung derselben, so wie die Er-

theilung anderer Concessionen bildete einen wichtigen Theil der Einnahmen der Centennial Finanzbehörde. Man darf annehmen, daß $330,000 auf diese Weise realisirt wurden.

Hauptausstellungsgebäude.

Eine ausführliche Beschreibung der interessantesten Dinge, welche jedes einzelne Hauptausstellungsgebäude aufzuweisen hat, folgt später. Auf nachstehender Tabelle verzeichnen wir einige Punkte von allgemeinem Interesse.

Namen.	Karte No.	Meilen.	Morgen unter Dach.	Gebäude. Angefangen.	Gebäude. Beendigt.	Gebäude. Contraktkosten.
Hauptgebäude	1	11⅓	21½	Mai 8. 1875	Jan. 1. 1876	$1,600,000.00
Kunstgallerie	101	1¾	1½	Juli 4. 1874	Jan. 1. 1876	1,500,000.00
Maschinenhalle	2	5¼	14	April 7. 1875	Oct. 1. 1875	792,000.00
Landwirthschaftliche Halle	152	2⅞	10¼	Oct. 15. 1875	Feb. 1. 1876	300,000.00
Blumen- und Pflanzen Halle	151	¾	1½	April 1. 1875	Jan. 1. 1876	251,937.00
Im Ganzen	......	22	48¾	......	......	$4,443,937.00
Die Kosten der Ausrüstung des Platzes und der Gebäude						2,280,913.00
Demnach kostet die ganze Centennial-Ausstellung						$6,724,850.00

Im Ganzen stehen 75 Morgen Landes unter Dach, von welchen 48¾ Morgen auf die fünf Hauptausstellungsgebäude und 26¼ Morgen auf die andern Gebäulichkeiten fallen.

Folgender Vergleich zwischen der gegenwärtigen Ausstellung, und allen früher abgehaltenen Ausstellungen der Welt, dürfte von Interesse sein.

Wo abgehalten.	Jahr.	Eröffnet am	Geschlossen am	Bedeckte Morgen Landes.	Kosten.	Anzahl der Besucher.	Anzahl der Aussteller.
London	1851	Mai 1	Oct. 11	20	$1,464,000.00	6,170,000	17,000
New York	1853	Juli 14	Nov. 10	5¾	500,000.00	600,000	4,800
Paris	1855	Mai 15	Nov. 15	30	4,000,000.00	4,533,464	20,799
London	1862	Mai 1	Oct. 25	24	2,300,000.00	6,211,103	26,348
Paris	1867	April 1	Oct. 31	40½	4,596,763.00	10,200,000	50,226
Wien	1873	Mai 1	Oct. 31	50	9,850,000.09	7,254,867	70,000
Philadelphia	1876	Mai 10	Nov. 10	75	6,724,850.00	*10,000,000	*60,000

* Geschätzt auf.

Das Hauptgebäude.

Das Hauptgebäude (Karte No. 1) ist 1880 Fuß lang und 464 [ ]ß breit. Die Central Spannung, in welcher der Hauptdurchgang liegt, ist [ ]2 Fuß lang und 120 Fuß breit. Keine andere Ausstellung hat diese [ ] e und Breite aufzuweisen.

Die offiziellen Nummern und Klassen der Ausstellungsgegenstän[ ]n diesem Gebäude sind folgende:

Abtheilung I.—Bergwerk= und Hüttenwese[

Klassen 100-109. Minerale, Erze, Steine, Bergwerkserzeugnisse. 110-119. Hüt[ ]zeugnisse. 120-129. Ingenieurwesen des Bergbaus.

Abtheilung II.—Fabrikate.

Klassen 200-205. Chemische Erzeugnisse. 206-216. Töpferwaaren, Porzellan, Gl[ ]217-227. Möbel u. s. w. 228-234. Garne und gewebte Stoffe aus Pflanzen= oder min[ ]schen Stoffen. 235-241. Wollengewebe und Filze. 242-249. Seide und seidene Gewe[ ]250-257. Kleider und Goldarbeiten. 258-264. Papier, Bücher, Schreibmaterialien. [ ]271. Waffen etc. 272-279. Medizin, Chirurgie, künstliche Glieder etc. 280-284. Ei[ ]und Stahlwaaren, Werkzeuge, Messerschmidts= und Metall=Fabrikate.

Abtheilung III.—Erziehung und Wissenschaften

Klassen 300-309. Erziehungs=Systeme und Methoden, Bibliotheken. 310-319. Institute und Organisationen. 320-329. Wissenschaftliche und philosophische Instrumente und Methoden. 330-339. Ingenieurwesen, Baukunst, Landkarten u. s. w. 340-349. Physischer, socialer, und moralischer Zustand des Menschen.

Besucher können durch einen bedeckten Eingang in dieses Gebäude gelangen, und zwar durch den östlichen Haupteingang (Karte, Buchstabe L), wenn sie zu Wagen kommen, und durch den südlichen Haupteingang (Karte, Buchstabe O), wenn sie die Straßenbahn benutzt haben.

Von den kleinen Gallerieen der vier Mittelthürme aus, genießt man eine ausgezeichnete Aussicht auf das ganze Innere des Gebäudes.

Die ausstellenden Länder liegen geographisch in Sectionen, welche kreuzweise von Norden nach Süden laufen. (Siehe die Karte des Platzes und der Gebäude).

Die ausländischen Commissionen haben Büreaur in unmittelbarer Nähe der Ausstellungen ihres Landes. Die Büreaur der Centennial=Executive befinden sich im zweiten Stockwerk an der Nordseite des Gebäudes.

Da der Besucher die Durchgänge auf beiden Seiten durchschreiten muß, um alles Ausgestellte zu sehen, so muß er 11 Meilen in diesem Gebäude zurücklegen.

Die Kunstgallerie.

Die Kunstgallerie (Karte, No. 101) auch Memorial Halle genannt, ist ein durchweg feuerfestes, aus Granit, Glas und Eisen errichtetes Gebäude. Dasselbe kostete $1,500,000 und soll als bleibendes Andenken an das erste 100jährige Jubiläum des amerikanischen Volkes stehen bleiben. Es steht auf einer 6 Fuß hohen Terrasse und 122 Fuß über dem Spiegel des Schuylkill Flusses, auf welchen es eine schöne Aussicht bietet. Es ist 365 Fuß lang, 210 Fuß breit, und mit einer Mittel-Kuppe versehen. Die innere Einrichtung ist außerordentlich für die Ausstellung von Statüen und Gemälden geeignet. Die Nachfrage um Platz in diesem Gebäude war so stark, daß es nothwendig ward Ergänzungsgebäude zu errichten, welche viermal so viel Raum einnehmen als man anfänglich für genügend erachtete.

Folgendes sind die offiziellen Nummern und Klassen der Ausstellungsgegenstände in diesem Gebäude.

Abtheilung IV.—Kunst.

Klassen 400-409. Bildhauerei (in Stein, Metall, Holz, Eisen etc). 410-419. Gemälde (in Oel- und Wasserfarben, auf Leinwand, Porzellan, Metall etc). 420-429. Stahlstiche, Kupferstiche, Holzschnitte, Steindrücke etc. 430-439. Photographien und Photo-Lithographien. 440-449. Industrielle und architektonische Entwürfe, Modelle und Dekorationen. 450-459. Thon- und Glas-Dekorationen, Mosaik und eingelegte Arbeiten.

Jeder Gegenstand ist nummerirt und alle Auskunft in dem offiziellen Ausstellungs-Catalog zu finden.

Kunstwerke, welche zum Kauf ausgeboten sind, sind im Catalog markirt. Kauflustige sollten nicht vergessen daß nach den Statuten, kein Gegenstand vor dem 10. November 1876 aus der Ausstellung entfernt werden darf.

Der Besucher wird in dieser Abtheilung die Werke der hervorragendsten Künstler der Welt finden. Wahlcommittees, meistentheils aus den Präsidenten der Haupt-Kunstvereine gebildet, sind von den Commissären der verschiedenen Nationen die an der Ausstellung Theil nehmen, ernannt worden. Dieselben haben unter den zahlreichen Werken, welche ihnen unterbreitet wurden, diejenigen gewählt, welche am Besten die Kunstcultur ihres Landes darlegen. Unter diesen ausgestellten Werken wurden wiederum die besten einer jeden Nation der alten Welt ausgewählt und in der Hauptgallerie der Memorial Halle untergebracht. Denselben gegenüber, zur engen Vergleichung, befinden sich die Meisterwerke von Künstlern der Vereinigten Staaten; auf diese Weise ist eine Ausstellung von großem Interesse dem Besucher geboten.

Maschinenhalle.

Die Maschinen Halle (Karte, No. 2) ist 1402 Fuß lang und 360 Fuß breit und hat zwei 1360 Fuß lange Haupt-Durchgänge mit zahlreichen Seiten- und Kreuzgängen.

Folgendes sind die offiziellen Nummern und Klassen der Ausstellungsgegenstände in diesem Gebäude.

Abtheilung V.—Maschinen.

Klassen 500-509. Maschinen und Werkzeuge im Gebiete des Bergbaus, der Chemie u. s. w. 510-519. Maschinen und Werkzeuge zur Bearbeitung von Holz, Metallen und Steinen. 520-529. Maschinen und Geräthschaften zum Spinnen, Weben u. s. w. 530-539. Maschinen u. s. w., welche beim Nähen, Kleidermachen u. s. w. in Anwendung kommen. 540-549. Maschinen zum Drucken, Buchbinden u. s. w. 550-559. Motore und Dampfkessel. 560-569. Hydraulische und pneumatische Apparate. 570-579. Eisenbahn-Anlagen und Wagen u. s. w. 580-589. Maschinen zur Präparation landwirthschaftlicher Produkte. 590-599. Luft, Pneumatischer und Wasser Transport. Maschinen und Apparate, welche sich vorzugsweise zu den Erfordernissen der Ausstellung, eignen.

Das Gebäude zieht sich von Osten nach Westen und zwar in einer Entfernung von 542 Fuß von der Westseite des Hauptausstellungsgebäudes. Der östliche Eingang an der Belmont Avenue ist der zugänglichste für Besucher, welche am Bahnhofe oder mit der Straßenbahn ankommen.

Der westliche Eingang (Karte Buchstabe C) liegt in unmittelbarer Nähe des George's Hill, von welchem man eine schöne Aussicht auf den ganzen Ausstellungsplatz genießt.

In der Mitte des Gebäudes befindet sich eine Corliß Dampfmaschine von 1400 Pferdekraft, welche, wenn es nöthig sein sollte, alle ausgestellten Maschinen in Bewegung setzen kann und speziell zu diesem Zwecke gebaut wurde. Diese Dampfmaschine hat einen 40 Zoll Cylinder mit 120 Zoll Kolbenspiel. Die Haupt-Wellbäume laufen in einer Höhe von 18 Fuß über dem Boden durch die ganze Länge des Gebäudes und Gegen-Wellbäume laufen an den nöthigen Punkten von den Seitenschiffen nach den Durchgängen.

Der Besucher sieht daselbst die Maschinen aller Nationen in voller Arbeit und deren Muster-Fabrikate können gekauft und auf Wunsch mitgenommen werden. Letztere bestehen aus: persischen und türkischen Shawls, Teppichen Tüchern, Stecknadeln, Nadeln, Nieten, Charniere, Confect u. s. w.

Im Anhange für die Ausstellung von hydraulischen Maschinen befindet sich ein Behälter, welcher 144 Fuß lang, 60 Fuß breit, und bis zu einer Höhe von 8 Fuß mit Wasser gefüllt ist. Durch Verbindung mit demselben werden alle hydraulischen Maschinen in Bewegung gesetzt. Am südlichen Ende dieses Behälters wird ein 35 Fuß hoher und 40 Fuß breiter Wasserfall durch den Betrieb der ausgestellten Pumpen hergestellt.

Landwirthschaftliche Halle.

Die Landwirthschaftliche Halle, (Karte No. 152), ist 826 Fuß lang und 540 Fuß breit. Dieselbe hat einen Haupt-Durchgang, 70 Fuß breit und 826 Fuß lang, mit Kreuzgängen und Seitenschiffen.

Folgendes sind die offiziellen Nummern und Klassen der Gegenstände, welche in diesem Gebäude ausgestellt sind:

Abtheilung VI.—Landwirthschaft.

Klassen 600-609. Erzeugnisse des Bodens und des Waldes. 610-619. Obstzucht—Früchte von allen Theilen der Welt. 620-629. Bodenerzeugnisse. 630-639. Landthiere. 640-649. Seethiere, Fischzucht und Apparate. 650-664. Produkte aus dem Thier- und Pflanzenreiche, welche zu Nahrungsmitteln dienen. 665-669. Gewebe aus Thier- oder Pflanzenstoffen. 670-679. Maschinen, Geräthschaften und Fabrikationswege. 680-689. Landwirthschaftliches Ingenieurwesen und Verwaltung. 690-699. Ackerbau und allgemeine Handhabung.

Die Ausstellungs-Gegenstände in dieser Abtheilung sind nach den Klassen, und nicht nach den Ländern geordnet und alle Gegenstände einer Klasse, gleichviel von welchem Lande, sind zusammengestellt.

Es wird dadurch Gelegenheit zu einem interessanten Vergleich geboten, da zwanzig auswärtige Länder und alle Staaten vertreten sein werden. Den herrvorragensten Rang werden die landwirthschaftlichen Maschinen—in voller Bewegung—einnehmen, und befindet sich unter denselben jede erdenkliche Maschine, welche auf dem Landgute oder dem Pflanzung zum ackern, ernten, zur Zubereitung von Produkten für den Markt u. s. w. in Anwendung ist. Die Ausstellung von fabrizirten Nahrungsmitteln, Fischen, und im Gebiete der Fischzucht, werden vom äußersten Interesse sein.

Zwei und zwanzig Morgen Landes außerhalb des Ausstellungsplatzes, und ungefähr 500 Yards vom Haupteingange entfernt, werden zum Empfang und der Ausstellung von Vieh dienen.

Folgende Ausstellungen werden stattfinden:

Sept. 1. bis Sept. 15. 1876, Pferde, Maulthiere und Esel.

Sept. 20. bis Okt. 5. 1876, Hornvieh (aller Arten).

Okt. 10. bis Okt 25. 1876, Schafe, Schweine, Ziegen und Hunde.

Okt. 25. bis Nov. 10. 1876, Geflügel aller Arten.

Die Ausstellungen werden ersten Ranges sein, da deren Zweck ist, die Zucht zu heben und die Racen zu veredeln.

Passende Grundstücke an der Pennsylvania Eisenbahn zwischen Philadelphia und New York, 30 Minuten von dem Ausstellungsplatze entfernt, sind zu Experimenten mit Maschinen bestimmt. Ernte-Maschinen werden während der Monate Juni und Juli, und Acker-Maschinen während der Monate September und Oktober geprüft.

Blumen und Pflanzen Ausstellungs-Gebäude.

Vierzig Morgen Landes sind für die Ausstellung von tropischen Pflanzen und jede Art von Gartendekorationen, in Anspruch genommen worden. Das Gebäude, (Karte No. 151), ist 383 Fuß lang, 193 Fuß breit, von schöner Bauart, und aus Stein, Backsteinen, Glas und Eisen errichtet. In der Mitte des Gewächshauses befindet sich eine zierliche Marmor-Fontäne, das Werk von Fräulein Foley, einer amerikanischen Künstlerin in Rom; acht andere Fontänen dienen zur Verzierung der Ecken. An der Nord- und Südseite liegen Treibhäuser, in welchen das Wachsthum junger Pflanzen befördert wird. In der Mitte der Ost- und Westseiten sind Restaurationen, Empfangszimmer und Büreaur errichtet. Verzierte Treppen führen aus der Vorhalle nach den Gallerieen, welche eine schöne Aussicht auf das Innere des Gebäudes bieten. Diese Gallerieen stehen mit den Promenaden, welche außen um das Gebäude laufen, in Verbindung. Von Letzteren aus kann man eine prachtvolle Aussicht auf den Schuylkill-Fluß und den ganzen Ausstellungsplatz genießen. Das Gewächshaus wird auf die zweckmäßigste Art geheizt und durch 3500 Gasflammen erleuchtet werden.

Folgendes sind die officiellen Nummern und Klassen der Gegenstände in diesem Gebäude:

Abtheilung VII.—Gartenbau.

Klassen 700-709. Zur Zierde dienende Bäume, Sträucher, Stauden und Blumen. 710-719. Gewächshäuser, Treibhäuser und deren Pflege. 720-729. Gartengeräthschaften, Gartenzubehör. 730-735. Gartenbessins, Anlage und Pflege von Gärten.

Die Ausstellung in dieser Atheilung wird so vollständig und interessant wie möglich sein, da man beabsichtigt ein deutliches Bild des Fortschrittes und guten Geschmackes auf dem Gebiete des Gartenbaues zu entwerfen. Die Ausstellungen im Freien umfassen die repräsentirenden Bäume dieses Landes, Wald-, Zierbäume und neue Pflanzen, welche vor Kurzem aus Japan und China und andern Welttheilen eingeführt worden sind. England, Frankreich, Belgien, Deutschland, die Niederlande, Brasilien, Cuba und Merico sind in dieser Abtheilung vertreten. Ein angelegter und bepflanzter Garten, welcher die verschiedenen Methoden der Blumen- und Kunstgärtnerei illustrirt, befindet sich auf dem Platze, welcher dieser Branche gewidmet ist.

Die Spaziergänge um die Gebäude und die reservirten Grundstücke vereinigen in sich eine über 3 Meilen lange Strecke.

Anhänge.

Ein vollständiges Verzeichniß der Anhänge mit offiziellen Nummern und deren Lage ist auf der beigefügten Karte des Ausstellungsplatzes und der Gebäude gegeben. Die wichtigsten erwähnen wir nachstehend:

Regierungsgebäude der Vereinigten Staaten.

Gebäude, welche dieser Klasse angehören, tragen eine rothe Flagge und deren nummerirte Banner haben eine entsprechende rothe Kante.

Ausstellungsgebäude der Vereinigten Staaten.
(Karte, No. 51.)

Nach den Hauptausstellungsgebäuden nimmt dieses Gebäude den ersten Rang ein. Die Errichtung desselben, durch die Regierung, kostet $60,000. Es ist zur Aufnahme von Ausstellungsgegenständen aus den verschiedenen Abtheilungen der Regierung und des Smithsonian Instituts bestimmt, und bedeckt ungefähr zwei Morgen Landes. Es enthält eine der interessantesten Sammlungen, welche der Besucher auf dem Ausstellungsplatze antreffen wird; deren Zweck es ist, die Funktionen und Verwaltungsfähigkeiten der Regierung im Frieden, und deren Hülfsquellen als Kriegsmacht zu illustriren.

Außerdem werden die Vereinigten Staaten ein Muster Militärspital (Karte, No. 52) und ein Laboratorium (Karte, No. 54) ausstellen.

Staatengebäude der Vereinigten Staaten.

Die Gebäude dieser Klasse tragen eine rothe Flagge und deren nummerirte Banner haben eine entsprechende rothe Kante.

Folgende Staaten haben zur Aufnahme ihrer Bürger Gebäude auf dem Ausstellungsplatze errichtet:

Staat.	Karte No.	Staat.	Karte No.	Staat.	Karte No.
Arkansas	66	Massachusetts	63	New York	74
Connecticut	62	Michigan	60	Ohio	56
Delaware	64	Minnesota	65	Pennsylvania	55
Illinois	58	Missouri	70	West Virginia	68
Indiana	57	Nevada		Wisconsin	59
Iowa		New Hampshire	61		
Kansas	157	New Jersey	155		

Fremdenbücher werden in diesen Gebäuden gehalten, und der Besucher wird in dem Gebäude eines jeden Staates, alle in demselben veröffentlichte Zeitungen finden.

Ausländische Nationen.

Gebäude dieser Klasse tragen eine weiße Flagge und deren nummerirte Banner haben eine entsprechende weiße Kante.

Folgende ausländische Nationen haben Separat=Gebäude zur Benutzung ihrer Commissäre und Mitbürger auf dem Ausstellungsplatze errichtet:

Länder.	Karte No.	Länder.	Karte No.	Länder.	Karte No.
Australien		Deutschland	122	Spanien............	
Brasilien............	115	Großbritannien....	71	Schweden	107
Canada	69	Japan............	67	Türkei...............	
Egypten		Morocco		....	....

Folgende sind die wichtigsten Gebäude unter denselben:

Die **Gebäude des brittischen Reiches** (Karte, No. 73) umfassen eine, in einem wunderschönen Hain nahe dem Georg Hügel errichteten Gruppe von drei Gebäuden. Zwei sind im Style des sechzehnten Jahrhunderts aufgeführt; eines derselben (Karte, No. 73) sieht dem Wohnorte eines englischen Squire's ähnlich und die Möbel, Tapeten und Bodenausstattung in beiden sind englische Fabrikate. Eines derselben (Karte, No. 71) wird von den brittischen Commissären bewohnt und das andere zu Büreaur verwendet werden. Das dritte Gebäude (Karte No. 72) wird ein Waschhaus, Badehaus und Arbeiterwohnungen enthalten.

Das **Gebäude des deutschen Reiches** (Karte, No. 112) ist zur Benutzung der deutschen Commissäre und Bürger passend eingerichtet. Von zwei Nebengebäuden ist eines (Karte, No. 113) dem Interesse von deutschen Weinbauern gewidmet und wird auch als Probierzimmer benutzt werden, während das andere eine schöne Ausstellung deutscher chemischer Produkte und Fabrikate enthält. (Karte, No. 114).

Das **schwedische Schulhaus** (Karte No. 107) ist von schwedischen Arbeitern errichtet und dessen Baumaterial aus Schweden importirt. Es enthält Schulzimmer und zeigt die innere Einrichtung einer schwedischen Schule.

Das **japanesische Wohnhaus** (Karte No. 67) zeigt uns japanesische Bauart und die innere Einrichtung der Häuser in Japan. Japanesische Waaren sind in einem Bazar (Karte 108), welcher für diesen Zweck errichtet wurde, ausgestellt und zum Verkauf ausgeboten.

Restaurationen, Vergnügungsplätze u. s. w.

Gebäude dieser Art tragen eine g e l b e Flagge, und deren nummerirte Banner haben eine entsprechende g e l b e Kante.

Die **große amerikanische Restauration** von Tobiason & Heilbrun, Philadelphia, (Karte, No. 159).—Ein schönes zweistöckiges Gebäude mit Pavillon und Veranda. Es enthält einen Banquetsaal, 115 Fuß lang und 50 Fuß breit, Salons für Damen, Privatzimmer, Rauch-, Lese- und Badezimmer und eine Barbierstube.

Man speist an der Tafel oder nach der Karte.

Deutsche und französische Kellner warten auf. Jeder Gegenstand, der mit dieser Restauration in Beziehung steht, ist amerikanisches Fabrikat.

Die Restauration ist von einem 3½ Morgen großen Garten umgeben, welcher mit Springbrunnen, Statuen, Blumenanlagen u. s. w. ausgestattet ist. In der Gartenwirthschaft, die 1½ Morgen Landes bedeckt, werden Conzerte abgehalten.

Trois Fréres provençaux. Léon Goyard, Paris, (Karte No. 82). Ein zweistöckiges Gebäude der schönsten Lage, mit Aussicht auf den See. Es enthält einen 118 Fuß langen und 32 Fuß breiten Saal und acht Privatsalons. An beiden Enden befindet sich ein Pavillon zur Verabreichung von Kuchen und Wein. Léon Goyard stand persönlich den officiellen Diners vor, welche der Kaiser von Oesterreich gab, und alle anderen Diners, welche den gekrönten Häuptern bei der Wiener Ausstellung gegeben wurden, standen unter seiner Leitung.

Restauration aus dem Süden. E. Mercer, Atlanta, Ga., (Karte No. 156). Enthält Rauch- und Lesezimmer. Man spricht alle neueren Sprachen. Eine „Negerkapelle" wird hier die Musik liefern und Scenen aus dem südlichen Pflanzerleben aufführen.

Deutsche Restauration. P. J. Lauber, Philadelphia, Pa. (Karte No. 160). Liegt in einem schönen, 3 Morgen großen Garten, in welchem musikalische Unterhaltungen gegeben werden. 1500 Personen können Platz finden. Man speist an der Tafel und nach der Karte.

Französische Restauration. Paul Sudreau, (Karte No. 117). Enthält ein 100 Fuß langes und 50 Fuß breites Speisezimmer und ungefähr 15 Privatsalons. Man spricht alle neueren Sprachen. Die Bedienung ist auf pariser Art. Alles Silber ist aus Paris. Man speist nach der Karte. Die Küche steht unter der Leitung des Eigenthümers. Von dem Altane aus hat man eine schöne Aussicht auf den Ausstellungsplatz und die Gebäude.

Die Milchwirthschaft. (Karte No. 116). Ein ländliches Gebäude mit schattigem Garten, in welchem sich Tische und Bänke befinden. Mädchen im Schweizer Bauernkostüm warten auf. Alle neueren Sprachen werden gesprochen. Milch, Rahm, Käse, Gefrornes, Kuchen und Früchte werden verabreicht.

Wiener Bäckerei und Kaffeehaus. Gaff, Fleischmann u. Co., Cincinnati, Ohio, (Karte No. 105). Das Gebäude ist 142 Fuß lang und 105 Fuß breit. Es enthält ein Kaffeehaus und eine Kuchen- und Pastetenbäckerei.

New-England Blockhaus und moderne Küche. Fräulein Emma Southwick, Boston, Mass., (Karte No. 158). Eine Küche der Neuzeit, im Gegensatz mit der des vorigen Jahrhunderts. Mahlzeiten werden sowohl auf einem altmodischen Feuerplatz, als auch auf einem modernen Heerd zubereitet und werden von jungen Damen in geeigneten Costümen servirt.

Außer obigen befinden sich Restaurationen und Büffets in den fünf Hauptgebäuden in der Nähe der Haupteingänge, und Stände für den Verkauf von Sodawasser, Popkorn u. s. w. liegen zerstreut auf dem Ausstellungsplatze.

Vermischte Gebäude.

Gebäude dieser Art tragen eine g r ü n e Flagge und eine entsprechende g r ü n e Kante an ihrem nummerirten Banner.

Der Pavillon der Frauen, (Karte No. 153), bedeckt nahezu einen Morgen Landes, und kostet $30,000, welche durch freiwillige Beiträge der Frauen der Vereinigten Staaten gedeckt wurden. Das Gebäude ist ausschließlich der Ausstellung von Frauenarbeiten gewidmet, und steht unter der alternativen Controle von Frauen aus den verschiedenen Bezirken Philadelphia's. Eine Schule für Frauen liegt in unmittelbarer Nähe desselben.

Das Gebäude der Preisrichter, (Karte No. 109), kostet über $30,000, liegt zwischen und ungefähr 150 Fuß hinter den zwei Hauptausstellungs-Gebäuden. Es ist 115 Fuß lang und 152 Fuß breit. Die Haupthalle, welche zu den Versammlungen der Preisrichter dient, ist 60 Fuß lang, 80 Fuß breit und 43 Fuß hoch und enthält gelegene Räumlichkeiten für Committees. Toilettenzimmer für Herren und Damen sind ebenfalls eingerichtet.

Das Gebäude für photographische Kunstausstellungen, (Karte No. 104), bildet einen Anhang zur Kunstgallerie. Es ist 240 Fuß lang und 75 Fuß breit und bedeckt 19,000 Quadratfuß für Ausstellungszwecke. Es kostet $26,000, welche von amerikanischen Photographen beigetragen worden sind, und ist einer kompleten Ausstellung amerikanischer und ausländischer Erzeugnisse der Photographie gewidmet. Das Dach ist von Glas und wirft ein volles Licht auf die Ausstellung.

Billet = Büreau der Welt. Cook, Sohn u. Jenkins, (Karte No. 84). Ein zierlicher Pavillon, welcher Büreaur zum Verkauf von Billetten und Hotel-Coupons u. s. w. enthält. Wartesäle sind für Besucher eingerichtet. Diese Firma stellt ihr berühmtes Lager in Palästina aus, welches darlegt in welcher Weise für Besucher des heiligen Landes Sorge getragen ist. Eine interessante Sammlung von Gegenständen aus diesem Lande ist ausgestellt.

Das Gebäude der Empire Transport=Gesellschaft. (Karte No. 119), enthält eine vollständige Ausstellung von Modellen, Formen u. s. w., welche das amerikanische System der Frachtbeförderung durch die Eisenbahn, oder durch Dampfboote auf den großen Seen, sowie die Beförderung von Oel durch Röhrenlinien in den Pennsylvania Oelregionen illustriren. Die neuesten Frachttarrife sind zur Ansicht aufgelegt, und jede Auskunft betreffs Fracht wird ertheilt.

Centennial National=Bank, (Karte No. 10), nimmt Depositen an und kauft und verkauft in- und ausländische Wechsel und ausländisches Geld. Die erhobenen Eintrittsgelder werden in diese Bank eingezahlt.

Schuh= und Leder=Ausstellungs=Gebäude, (Karte No. 7), ist 300 Fuß lang und 160 Fuß breit. Die Ausstellung umfaßt Schuh- und Lederstoffe und Maschinen in Bewegung, welche die verschiedenen Fabrikationsprozesse zeigen.

Die Centennial Photographische Gesellschaft, (Karte No. 110), hat das ausschließliche Recht auf dem Ausstellungsplatze Bilder aufzunehmen oder zu verkaufen. Dieselbe hat ein Muster-Atelier zu diesem Zweck errichtet.

Das Ausstellungsgebäude für Wagen, (Karte No. 106), bildet einen Anhang des Hauptausstellungsgebäudes und ist 346 Fuß lang und 231 Fuß breit. Es dient zur Ausstellung aller Arten Wagen.

Pavillon der Loiseau Gesellschaft für gepreßtes Brennmaterial, (Karte No. 85), dient zur Ausstellung von Oefen und Schmelzöfen, welche mit diesem Stoffe geheizt werden.

Sich von selbst aufrollende Fensterladen, Clark u. Co., (Karte No. 111), **Heizapparate,** Fuller, Warren u. Co., (Karte No. 14).

Glaswaaren=Fabrik, Gillinder u. Söhne, (Karte No. 15).

New Yorker Tribüne, Zeitung, (Karte No. 83).

Lager der Westpoint Cadetten, (Karte No. 16). Die Cadetten der Militär-Akademie der Vereinigten Staaten zu Westpoint, werden auf dem Ausstellungsplatze ein Lager aufschlagen. Die Disciplin und Anordnungen, welche bei ihrem jährlichen Lager in Anwendung kommen, werden in Kraft treten.

Relief-Pläne der Städte Paris (Karte, No. 79), Jerusalem (Karte, No. 76), Neapel (Karte, No. 78), der Schweiz (Karte, No. 75), Italiens (Karte, No. 77), sind von Liénard aus Paris ausgestellt. Die Pläne geben eine genaue Darstellung topographischer und anderer Punkte von Interesse. Auf der Pariser Weltausstellung bildeten dieselben einen Hauptanziehungspunkt.

Das **öffentliche Comfort-Haus.** W. Marsh Kasson (Karte, No. 118) enthält Zimmer für Besucher, Barbierstuben, Waschzimmer, Wasserclosets und einen Zeitungsstand. Das Zimmer für Damen steht mit einem auf's beste eingerichteten Toilettenzimmer in Verbindung. In diesem Gebäude werden Gepäck, Körbe, Packete aller Arten, gegen Aushändigung einer Marke, aufgehoben.

Monumente, Springbrunnen u. s. w.

Eine Anzahl Monumente, Springbrunnen u. s. w. zur Erinnerung an das hundertjährige Jubiläum, sind von Gesellschaften und einzelnen Personen auf dem Ausstellungsplatze errichtet worden. Folgende sind erwähnungswerth:

Springbrunnen des katholischen Enthaltsamkeitvereins befindet sich hinter der Maschinenhalle, in der Nähe des Banners, welches No. 14 trägt. Die Errichtungskosten belaufen sich auf $50,000. Der Durchmesser desselben ist 105 Fuß und die Höhe 35 Fuß. Die Mittelfigur ist eine Kolossalstatue von Moses, 15 Fuß hoch; und 9 Fuß hohe Statuen von Charles Carroll aus Carrollton, Erzbischof Carroll, Theobald Mathew und Commodore Barry befinden sich an den vier Enden.

Das **Monument der Religionsfreiheit** in der Nähe der Kunstgallerie ist für die unabhängige Loge B'nai B'rith aufgeführt worden, und in der Nähe des Banners No. 101. Die Gruppe stellt Freiheit, die Religion vertheidigend, vor. Hauptzüge bilden eine kolossale Frauengestalt in Rüstung; ein Jüngling, eine Urne mit der heiligen Flamme haltend; und ein Adler, welcher eine Schlange in seinen Krallen hält.

Das **Columbus Monument** befindet sich in der Nähe der Pflanzenausstellung und des Banners No. 82. Es ist von dem Columbus Denkmal Verein errichtet, ist von kolossaler Größe und stellt den Genueser Schifffahrer in stehender Postur vor; seine rechte Hand ruht auf einem Globus und die linke hält eine Seekarte; ein Anker und Tau weisen auf seinen Beruf hin.

System der Preisvertheilung.

Folgendes System der Preisvertheilung ist von der Centennial Commission der Vereinigten Staaten angenommen worden und dürfte dasselbe allgemeine Befriedigung geben. Zweihundert qualifizirte Preisrichter, zur Hälfte Ausländer, und zur Hälfte Vereinigte Staatenbürger werden ernannt werden. Die Diplome werden „für Verdienst" von der Centennial Commission ertheilt und von den betreffenden Richtern ausgestellt. Die Preise bestehen aus obigem Diplom, einer Medaille aus Bronze und einem speziellen Bericht der Richter. Den Ausstellern steht das Recht zu, diese Berichte zu vervielfältigen und zu veröffentlichen. Jeder Richter empfängt $1000 um seine persönlichen Auslagen zu decken.

Vertretene Länder
und deren Raum im Haupt-Ausstellungsgebäude.

Raum nach Quadratfuß.	Länder.	Erdtheil.	Entfernung von Philadelphia nach Meilen.	Ausdehnung nach Quadratmeilen.	Bevölkerung.	Sprache.
2,873	Argentinische Republik......	S. Amerika..	7,100	826,828	1,877,490	Spanisch.
24,070	Oesterreich	Europa....	5,010	240,381	35,904,435	Deutsch.
15,358	Belgien....................	"	3,227	11,373	5,087,105	Französisch.
	Bolivien....................	S. Amerika..	9,320	374,480	1,987,352	Spanisch.
6,397	Brasilien...................	" ..	4,733	3,231,047	11,780,000	Portugiesisch.
2,873	Chili	" ..	8,720	132,624	1,908,350	Spanisch.
7,504	China	Asien........	8,867	4,695,334	477,500,000	Chinesisch.
1,462	Dänemark..................	Europa....	3,283	14,734	1,784,741	Dänisch.
	Ecuador	S. Amerika..	2,800	240,000	1,040,371	Spanisch.
5,146	Aegypten	Afrika......	5,200	11,000	5,195,293	Arabisch.
43,314	Frankreich und Colonien....	Europa....	2,983	462,283	41,024,167	Französisch.
27,975	Deutschland................	"	3,775	208,556	41,058,196	Deutsch.
99,917	{ Großbritannien............	"	3,067	121,114	31,817,108	Englisch.
	{ Indien	Asien......	11,535	910,853	155,348,090	Indisch.
24,070	Canada	N. Amerika..	500	3,481,779	3,567,204	Englisch.
24,070	{ Neu Süd Wales } { Victoria } { Süd Australien }	Australien....	10,260	2,575,811	958,650	Englisch.
	Andere Besitzungen........		......	802,359	2,262,776	
	Guatemala................	S. Amerika..	1,698	44,500	1,180,000	Spanisch.
	Honduras................	"	1,750	47,092	350,000	"
8,167	Italien....................	Europa....	4,115	109,837	25,003,635	Italienisch.
16,566	Japan	Asien......	8,475	149,439	34,785,321	Japanesisch.
	Liberien	Afrika......	3,980	25,000	250,000	Englisch.
6,504	Mexico....................	N. Amerika..	1,565	712,850	9,173,052	Spanisch.
15,509	Niederlande................	Europa....	3,322	12,680	3,688,337	Holländisch.
6,897	Norwegen..................	"	3,732	120,295	1,729,691	Norwegisch.
1,057	Orange Staaten..........	Afrika......	7,400	2,260	50,000	Englisch.
	Peru.....................	S. Amerika..	3,400	370,000	3,199,000	Spanisch.
	Portugal..................	Europa....	2,990	35,950	4,360,994	Portugiesisch.
11,002	Rußland	"	4,712	7,227,870	74,878,000	Russisch.
	St. Salvador..............	N. Amerika..	2,300	7,335	600,000	Spanisch.
	Sandwich Inseln..........	Oceanica....	5,357	7,633	62,959	Englisch.
2,015	Siam	Asien......	9,867	294,720	6,300,000	Siamesisch.
11,253	Spanien und Colonien.....	Europa....	3,170	198,587	16,357,582	Spanisch.
15,358	Schweden.................	"	4,322	170,634	4,168,882	Schwedisch.
6,646	Schweiz...................	"	3,527	15,161	2,669,095	Französisch.
2,015	Tunis	Afrika......	3,800	70,000	2,000,000	Türkisch.
4,895	Türkei....................	Europa,Asien	5,090	1,915,893	43,600,000	"
187,705	Vereinigte Staaten..........	N. Amerika..	....	3,634,797	45,316,000	Englisch.
	Venezuela	S. Amerika..	2,270	426,712	1,400,000	Spanisch.

Der oben verzeichnete Platz bezieht sich lediglich auf das Haupt-Ausstellungsgebäude. Die meisten Länder besitzen auch Raum in einem oder mehreren der andern Hauptgebäude, und einige haben separate Gebäude errichtet.

Obige Tabelle zeigt, daß 13 der vertretenen Länder über 5000 Meilen weit von Philadelphia entfernt sind, und von diesen sind sieben über 7500 Meilen und zwei über 10,000 Meilen weit entfernt.

Commissäre ausländischer Regierungen.

Länder.	Anzahl der Commissäre.	Vorsitzende.
Argentinische Republik.......	14	Carlos Carranza.
Oesterreich	11	Rudolf Isbary.
Belgien	18	Baron Gustav von Woelmont.
Bolivien.....................	....	
Brasilien.....................	6	Seine Hoheit Gaston von Orleans, Graf von Eu.
Chili	11	Eduard Shippen.
China	4	Eduard B. Drew.
Dänemark.....................	10	Jakob Holmblad.
Ecuador.....................	5	Eduard Shippen.
Aegypten.....................	12	Seine Hoheit Prinz Mohammed Tawfic Pascha.
Frankreich und Colonien......	3	Du Sommerard.
Deutsches Reich...............	16	Dr. Jacobi.
Großbrittannien	13	Seine Gnade der Herzog von Richmond, K. G.
Brittisch Indien...............	....	
Canada.....................	12	Senator Luc Letellier von St. Just.
Neu Süd Wales	35	Sir James Martin Knight.
Victoria.....................	19	Sir Redmond Barry.
Süd Australien	20	Seine Excellenz A. Musgrave.
Andere Brittische Colonien..	....	
Italien		
Japan.....................	18	Seine Excellenz Okubo Toschimichi.
Liberien.....................	2	J. S. Payne.
Mexico.....................	8	Romero Rubio.
Niederlande.....................	16	Dr. E. H. von Baumhauer.
Norwegen.....................	3	Herman Baars.
Orange Staaten...............	1	Charles W. Riley.
Peru	4	José Carlos Tracy
Portugal und Colonien	...	
Rußland.....................	1	Herr Boutowsky.
Sandwich Inseln...............	3	Hon. S. G. Wilber.
Siam.....................	1	J. H. Chandler.
Spanien und Colonien.......	12	Don Esteban Garrido.
Schweden.....................	16	A. Bergstrom.
Schweiz.....................	4	Oberst H. Rieter.
Tunis.....................	1	Seine Excellenz Sidi Heussein.
Türkei.....................	1	Seine Excellenz G. d'Aristarchi.
Venezuela	2	Leon de la Cova.

Büreaur für die ausländischen Commissionen befinden sich in den Seitenschiffen des Haupt-Ausstellungsgebäudes in unmittelbarer Nähe derer Ausstellungsplätze. Verschiedene Regierungen haben Gebäude zur Benutzung ihrer Commissionen errichten lassen.

Philadelphia.

Philadelphia, die Ausstellungsstadt, deren Ansprüche mit solch beredten Worten von den Verfassern der Denkschrift dargelegt, und von dem Congreß so bereitwillig anerkannt wurden, liegt an der Westseite des Delaware Flusses, nördlich von dessen Zusammenfluß mit dem Schuylkill Flusse, und ungefähr 96 Meilen vom Atlantischen Meer entfernt.

In Hinsicht auf Bevölkerung und Geschäftswesen nimmt Philadelphia im Staate Pennsylvania den ersten, und in den Vereinigten Staaten den zweiten Rang ein; was Größe, Mannigfaltigkeit und Fabrikwesen anbelangt, so ist es die erste Stadt in den Vereinigten Staaten, und die zweite in der ganzen Welt. Philadelphia wurde im Jahre 1682 angelegt und hat seitdem fortwährend an Größe und Wichtigkeit zugenommen, so daß der Besucher im Jahre 1876 in eine Stadt gelangt, welche eine Bevölkerung von 812,632 Seelen hat, die in 151,153 Häusern leben, welche ihr Gas durch ein 605 Meilen langes Röhrennetz zum Preise von $2.15 per 1000 Fuß, und ihren Wasserbedarf durch ein 658 Meilen langes Röhrennetz vom Schuylkill zugeführt bekommen. Philadelphia bedeckt eine Grundfläche von 82,700 Morgen Landes (129.2 Quadratmeilen) und hat Besitzthum, welches auf $585,-408,705 geschätzt wird. Philadelphia ist eine Stadt der Häuslichkeit zu nennen, da es im Verhältniß zu seiner Bevölkerung eine größere Anzahl Häuser hat und eine größere Fläche bedeckt, als irgend eine andere Stadt von Bedeutung in der Welt.

Hauptpunkte von Interesse sind: Fairmount Park, (umfaßt ungefähr 2740 Morgen Landes und Wasser); Independence Halle, in welcher die Unabhängigkeits-Erklärung der Vereinigten Staaten unterschrieben wurde; Carpenter's Halle, in welcher der erste Congreß abgehalten wurde; die alte Schwedenkirche, im Jahre 1700 erbaut, in welcher heute noch Gottesdienst verrichtet wird; Girard College, eine Waisenanstalt, welche einen Fond von über $6,000,000 besitzt und die Stiftung eines einzigen Bürgers ist; die Academie der Naturwissenschaften, nur von dem brittischen Museum in London übertroffen; die Stadtbibliothek, von Benjamin Franklin, im Jahre 1731 gegründet; der Zoologische Garten der, Freimaurer Tempel, die neuen Stadtgebäude, im Bau begriffen; und ein System von Markthallen, welche wohl eines Besuches werth sind.

Der Zweck dieses Buches erlaubt uns nicht auf die Industrieen, und andere Punkte von Interesse dieser Stadt, näher einzugehen. Wir haben hier nur einige allgemeine Punkte von Interesse angeführt, um an geeigneter Stelle alle für den Besucher werthvolle Details zu geben. Die Karte von Philadelphia sollte einem sorgfältigem Studium unterworfen werden; dieselbe giebt unter Bezugnahme auf die Tabellen in diesem Buche, die Entfernungen von dem neuen Stadtgebäude als Mittelpunkt, an; die Lagen der hervorragenden Gebäude, die Eisenbahnlinien, welche die Stadt berühren, die Straßenbahnen und deren Richtungen, und zeigt den aufgebauten Theil Philadelphia's im Jahre 1776 u. A.

Das deutliche und leichtbegreifliche System der Nummerirung der Häuser, welches auf Seite 30 auseinandergesetzt ist, und die Thatsache daß die Straßen rechtwinklig ausgelegt sind, setzen den Besucher in den Stand sich mit Leichtigkeit zurecht zu finden. Jedermann wird übrigens gerne bereit sein ihm jede gewünschte Auskunft zu ertheilen.

Winke für Eisenbahnreisende.

Gieb keine Trinkgelder und löse Dein Billet, ehe Du einsteigst.

Das Eisenbahnnetz der Vereinigten Staaten umfaßt 73,609 Meilen. Im Jahre 1874 wurden 246,640,679 Passagiere befördert, mit einer verhältnißmäßig kleineren Anzahl von Unfällen als auf irgend einem andern Eisenbahnnetz der Welt.

Die wichtigsten Verhältnißmaßregeln für die Sicherheit des Reisenden sind: ruhig seinen Sitz zu behalten, und weder Kopf noch Arme aus dem Fenster zu stecken, wenn sich etwas Ungewöhnliches zutragen sollte. Während der Fahrt sollte man nie auf der Plattform stehen.

Es giebt keine verschiedenen Klassen auf amerikanischen Eisenbahnen, wie es in andern Ländern der Fall ist.

Conducteure weisen den Passagieren Sitze an.

Rauchwagen sind in jedem Zuge. Alle Wagen sind geheizt und erleuchtet.

Staats- und Schlafwagen sind ebenfalls jedem Zuge angehängt, für deren Benutzung man extra zu bezahlen hat. Anweisungen auf reservirte Plätze oder Schlafplätze werden in den Billetbüreaur, auf den Stationen oder von den Conducteuren ausgegeben.

Reisende welche Billette gelöst haben, welche vom Anfangs- bis zum Endpunkte der Fahrt gültig sind, (Durch-Billette), und auf Zwischenstationen abbrechen wollen, können von den Conducteuren Ermächtigungsscheine erhalten.

Reisende im Besitze von Durchbilletten, dürfen nur solche Bahnen benutzen, auf denen dieselben gültig sind und die auf den Billetten verzeichnet stehen. Man sollte immer nach Durchwagen fragen.

Die Durchschnitts-Geschwindigkeit der amerikanischen Züge ist 25 bis 35 Meilen per Stunde, einschließlich der Haltepunkte.

Reisende können auf allen Hauptstationen der Vereinigten Staaten Versicherungs-Policen gegen Unfälle erhalten. Dieselben sind gut für einen Tag und die Prämie ist 25 Cents für jede $1000 Versicherung.

Retour-Billette nach Philadelphia sind zu ermäßigten Preisen an allen Hauptplätzen der Vereinigten Staaten und des Auslandes zu haben. Specielle Abkommen können von Vereinen und Gesellschaften, welche die Ausstellung besuchen wollen, mit den Eisenbahn-Gesellschaften getroffen werden. Billette können auf dem Ausstellungsplatze genommen und Gepäck daselbst aufgegeben werden.

In der Regel sind die Fahrpreise der verschiedenen Gesellschaften zwischen denselben Punkten, ohne Rücksicht auf die Strecke, dieselben. Das Maximum ist 3 Cents per Meile.

Einhundert Pfund Gepäck können frei mitgeführt werden. Uebergewicht wird mit 15 pro Cent. des Fahrpreises für jede 100 Pfund berechnet.

Eisenbahnbillets sind gültig bis zu deren Benutzung, mit Ausnahme von Excursionsbilletten, welche nur, wie auf denselben angegeben, Gültigkeit haben.

Eisenbahn=Gesellschaften welche Gepäck übernehmen, händigen eine metallene Marke für jedes Stück aus, verlangen jedoch, daß der Reisende sein Billet vorzeigt. Dieselben sind für das ihnen anvertraute Gepäck und deren Auslieferung am bestimmten Platze verantwortlich, jedoch nicht für mehr als $100 per Stück, im Falle es verloren gegangen oder beschädigt worden sei, ausgenommen wenn ein spezieller Vertrag abgeschlossen worden ist. Eisenbahnzüge halten zu geeigneter Zeit, um dem Reisenden Gelegenheit zu geben ein Mahl zu sich zu nehmen. Letzteres kostet gewöhnlich 75 Cents, und 20 Minuten Zeit sind erlaubt. Vor Abgang der Züge wird ein Signal gegeben. Auf dem Sitze zurückgelassenes Handgepäck sichert dem Reisenden seinen Platz.

Reisende, welche per Eisenbahn nach Philadelphia kommen, können ihr Gepäck nach irgend einem Hotel, Kosthaus oder Wohnhaus aufgeben. Ein bevollmächtigter Agent einer Transportgesellschaft, welcher die nöthigen Instructionen und **Marken,** gegen Ausstellung einer Bescheinigung entgegennimmt, wird zu diesem Behufe vor Ankunft des Zuges durch die Wagen gehen.

Die Kosten der Gepäck = Ablieferung sind wie folgt: zwischen Girard Avenue nördlich und Waschington Avenue südlich, östlich vom Schuylkill Flusse und nach den West Philadelphia Bahnhöfen 50 Cents für ein Stück. Für jedes weitere Stück 40 Cents. Ueber diese Punkte hinaus, 60 Cents für ein Stück und für jedes weitere Stück 50 Cents. Miethkutschen, und Omnibusse, zum Abholen der Besucher am Bahnhofe, können ebenfalls bei dem obenerwähnten Agenten bestellt werden.

Gepäck wird von Hotels und Wohnhäusern abgeholt und nach den Bahnhöfen befördert, wenn man im Billetbüreau oder am Bahnhofe die nöthigen Anweisungen giebt nachdem das Billet gelöst ist. Für diesen Dienst werden dieselben Preise, die für Ablieferung oben angegeben sind, berechnet.

Telegraphische Depeschen können in jedem Billetbüreau, auf den Bahnhöfen, in den Haupt=Hotels und auf dem Ausstellungsplatze aufgegeben werden.

Straßenbahnwagen, Miethkutschen und Omnibusse erwarten alle ankommenden Züge. Siehe beifolgende Karte und Seite 31 in Bezug auf Richtungen der Straßenbahnen und deren Fahrpreise.

Taxe der Droschken oder Miethkutschen. Für eine Person mit Koffer, Reisesack und andern Stücken, für eine Strecke nicht über **eine Meile** 50 Cents. Ueber **eine Meile und nicht über zwei Meilen,** 75 Cents. Für jede weitere Person 25 Cents. Für größere Entfernungen werden 75 Cents für die zwei ersten und je 25 Cents für die weiteren Meilen berechnet.

Gewöhnlich rechnet man 10 Häuserquadrate auf eine Meile.

Wenn diese Wagen auf die Zeit gemiethet sind, um von Platz zu Platz zu fahren, so ist die Taxe $1.00 per Stunde.

Im Falle eines Disputs richte man sich an das Bürgermeisteramt, 500 Chestnut Straße.

Genaue Auskunft über die Ankunft und Abfahrt der Züge auf allen Eisenbahnen der Vereinigten Staaten und Canadas, ertheilen die **officiellen Fahrpläne,** die verschiedenen Billetbüreaux und die Tagesblätter.

Eisenbahnen, welche in Philadelphia einlaufen.

Siehe die entsprechenden Nummern auf der Karte von Philadelphia, welche die Lage der Bahnhöfe und Billetbüreaux angeben, siehe auch „Winke für Reisende auf Eisenbahnen," Seite 25.

Eisenbahn.	Billetbüreaux. Lage.	Kart No.	Bahnhöfe. Lage.	Kart No.	Bestimmungsorte der Züge.
Pennsylvania.	838 Chestnut Straße.	71	32te und Market Straße.	130	New York, der Osten, Pittsburg und der Westen, Erie, Niagara Fälle und die See.
	1348 "	9	Ausstellungsplatz.	174	
	116 Market Straße.	120	Kensington.	162	
	Ausstellungsplatz.	174	Market Straße Fähre.	118	New Jersey Punkte und Amboy.
Philadelphia und Reading.	838 Chestnut Straße.	71	13te u. Callowhill Straße.	8	Reading u. Punkte in den Amboy.
	624 "	69	Ausstellungsplatz.	175	Reading, Punkte in den Anthracite Kohlenregionen, Punkte an den Germantown und Germantown Zweigen.
	317 Arch Straße.	70			
	Ausstellungsplatz.	53			
		175			
North Pennsylvania.	451 Chestnut Straße.	67	9te und Green Straße.	48	Punkte an den Germantown Zweigen.
	732 "	70	Berks und Amerika Straße.	161	Bethlehem, Lehigh Talley, Niagara Fälle, Norden und Westen.
	Ausstellungsplatz.	175	Ausstellungsplatz.	175	
Philadelphia, Wilmington und Baltimore.	700 Chestnut Straße.	69	Broad u. Washington Ave.	82	
	838 "	71		174	Baltimore, Washington, Süden und Westen.
	Ausstellungsplatz.	174			
West Chester.	3100 Chestnut Straße.	129	31te und Chestnut Straße.	129	West Chester.
New Jersey Southern.	700 Chestnut Straße.	69	Market Straße Fähre.	118	New York, Long Branch und Ocean Grove.
	838 "	71			
Camden und Atlantic.	838 Chestnut Straße.	71	Vine Straße Fähre.	138	Atlantic City, New Jersey.
	1348 "	9			
West Jersey.	838 Chestnut Straße.	71	Market Straße Fähre.	118	Cape May, New Jersey.
	1348 "	9			

Winke für Seereisende.

„Nimm nur das nothwendigste Gepäck mit.“

Reisende sollten sich von ihren Bankiers **Circular Creditbriefe** ausstellen lassen und nur das äußerst nothwendige Geld bei sich führen; es ist auch anzuempfehlen daß sie vor ihrer Abreise ihr Geld in solches umwechseln, welches am Ziel ihrer Reise currant ist.

Am besten ist es Billette nur am Einschiffungsplatze zu lösen.

Reisende werden es äußerst bequem finden, eigene Stühle zur Benutzung während der Reise, mit sich zu führen.

Der Capitän hat absolute Vollmacht an Bord des Schiffes; Auskunft wird vom Zahlmeister erbeten.

Salonpassagiere können sich auf jedem beliebigen Platze des Verdeckes aufhalten; Zwischendeckpassagiere nur auf dem Theil des Verdeckes, welcher hinter den Schornsteinen liegt.

Rauchen ist nur auf dem Verdeck und in den Rauchzimmern gestattet.

Plätze an der Tafel werden gewöhnlich vom Proviantmeister angewiesen und sollten vor Abreise gewählt und gesichert werden.

Lichter werden um 11 Uhr Nachts in den Salons ausgelöscht, im Staatszimmer eine halbe Stunde später.

Reisende, welche seekrank sind, thun gut daran eine Orange oder ein Biscuit vor Aufstehen zu sich zu nehmen. Ein erfahrener Arzt befindet sich an Bord und kann gratis zu Rathe gezogen werden, liefert auch Medizin ohne Kosten.

Auf allen Dampfschiffen ist es unter den Salonpassagieren Sitte, den Aufwärtern im Schlafzimmer und den Kellnern, ein Trinkgeld von $2.50— $5.00, je nach den empfangenen Aufmerksamkeiten, zu geben.

Reisende sollten keine werthvollen Gegenstände im Staatszimmer umherliegen lassen.

Gottesdienst, zugänglich für alle an Bord des Schiffes, wird jeden Sonntag abgehalten.

Vor der Ankunft an amerikanischen Häfen, sollte sich der Reisende vom Zahlmeister ein Formular der Gepäckeingabe verschaffen, aus welchem er ersehen kann, welche Artikel steuerpflichtig sind. Die Gepäckeingabe sollte ausgefüllt und den Zollbeamten, welche das Gepäck untersuchen und den Zollbetrag in Empfang nehmen, eingehändigt werden.

Biete weder den Zollbeamten eine Vergütigung an, noch bezahle eine solche auf Verlangen.

Durch eine gewissenhafte Befolgung der zollamtlichen Vorschriften werden Unannehmlichkeiten vermieden.

Sollte der Reisende Grund zu Klagen haben, so sollte er sich an die Verwaltung der Dampfschiffsgesellschaft wenden.

An den meisten Häfen findet sich bei Ankunft der Dampfschiffe, ein bevollmächtigter Agent einer Beförderungsgesellschaft ein, welcher auf Wunsch die Beförderung des Gepäckes nach Wohnorten, Bahnhöfen, Hotels u. s. w. übernimmt. Derselbe sollte genau instruirt werden und eine Empfangsbescheinigung aushändigen.

Reisende, welche Miethkutschen am Landungsplatze nehmen, sollten sich betreffs des Fahrpreises mit dem Kutscher verständigen.

Dampfschiffs-Linien.

Name der Gesellschaft.	Segeln zwischen.		Segeln.
	Von.	Nach.	
Amerikanische Dampfschiffsgesllsch.	Philadelphia..	Liverpool......	Wöchentlich.
Internationale „ „ „	{ Philad'a u. N. Y. }	Antwerpen......	Halbmonatlich.
Philad'a und südliche Post „	Philadelphia..	Savannah....	Wöchentlich.
Boston u. Philadelphia „ „	„ ..	Boston..........	Halbwöchentlich.
„ „ „ „	„ ..	Providence ...	Wöchentlich.
Pacific Post Dampfschiffsgesellsch.	San Francisco	Sandwich J..	Monatlich.
„ „ „ „ „	„	Neuseeland...	„
„ „ „ „ „	„	Australien....	„
„ „ „ „ „	„	Portland O...	3 mal d. Monat.
„ „ „ „ „	„	China..........	Monatlich.
„ „ „ „ „	„	Japan.........	„
„ „ „ „ „	New York	Cent. Amer....	Halbmonatlich.
„ „ „ „ „	„	San Francisco	„
„ „ „ „ „	„	Chili............	„
„ „ „ „ „	„	Peru............	„
White Star Linie................	„	Liverpool......	Wöchentlich.
Cunard „	„	„	Halbwöchentlich.
Liverpool u. Gt. West. Dpffchgesell.	„	„	Wöchentlich.
Inman Linie................	„	„	„
National „	„	Bristol........	Halbmonatlich.
Great Western Dampfschifflinie..	„	Havre	„
Comp. Gén. Transatlantique..	„	Glasgow	
State Linie................	„	Gibraltar......	Wöchentlich.
Anchor „	„	Ital. Häfen ..	....
„ „	„	Bombay	....
„ „	„	Hamburg......	Wöchentlich.
Hamburg=amerik. Packetboote......	„	Rotterdam....	Halbmonatlich.
Niederl.-amerik. Dpfschiffsgesellsch.	„	Vera Cruz....	Alle 3 Wochen.
N. Y., Havana u. merik. Post Dpf.	„	Havana........	Wöchentlich.
Quebec u. Gulfports Dpfschgesell..	„	Bermuda......	
Atlas Dampfschifflinie............	„	Kingston, J...	Alle 3 Wochen.
Texas Linie................	„	Galveston....	Wöchentlich.
„ „	„	Porto Cabello	Halbmonatlich.
Cromwell Dampfschifflinie.........	„	New Orleans	Wöchentlich.
Black Star Linie............	„	Savannah....	
Empire Linie............	„	„	Halbwöchentlich.
Murray Linie............	„	„	Wöchentlich.
Fall River Linie............	„	Boston........	Täglich.
Allan Linie................	Baltimore....	Liverpool......	Wöchentlich.
Norddeutsche Lloyd Linie...........	„	Bremen........	Halbwöchentlich.
Küsten Schifffahrtsgesellschaft.....	„	Charleston....	Wöchentlich.
Dominion Linie................	Boston..........	Liverpool......	Halbmonatlich.
International Dampfschiffsgesllsch.	„	Halifax........	....
N. Y., Nassau u. Savannah Dpf.	New York......	Nassau........	Halbmonatlich.

Außergewöhnliche Passagepreise werden wohl während der Ausstellung eintreten. An-
fragen sollte man direct an die Dampfschiffsgesellschaft am Abfahrts= oder Ankunftspunkt
richten.

Das Nummernsystem der Häuser.

Jedes Haus ist nummerirt. Durch das Decimalsystem, nach welchem die Nummerirung stattfindet, kommen einhundert Nummern auf jedes Häuserquadrat. Die Nummern beginnen am Delaware Flusse nach Westen laufend, und von der Market Straße nördlich und südlich laufend. Die geraden Nummern sind auf der Südseite und die ungeraden auf der Nordseite bei Straßen, welche nach Osten oder Westen laufen; bei denen, die sich nach Norden oder Süden erstrecken, sind die geraden Nummern auf der West= und die ungeraden Nummern auf der Ostseite

Straßennamen.

Dieselben sind auf den Laternen und Eckhäusern angegeben. Vom Delaware Fluß aus westlich ist die erste Hauptstraße, Front Straße; die zweite, 2te Straße; die dritte, 3te Straße u. s. f. bis an die Grenze der Stadt. Zahlenbenennung ist bei allen Straßen, welche nördlich und südlich laufen in Anwendung gebracht. (Die 14te Straße heißt Broad Straße). Für die von Osten nach Westen laufenden Hauptstraßen dienen folgende Benennungen. (Die Namen und Lagen von Nebenstraßen und Gassen sind im Stadt=Adreßbuch angegeben).

Namen der Straßen, welche öst= und westlich laufen, nebst Nummern.

Nördlich von der Market Str.		Südlich von der Market Str.	
Haus= Nummer.	Straßen=Namen.	Haus= Nummer.	Straßen=Namen.
1	Market.	1	Market.
100	Arch.	100	Chestnut.
200	Race.	200	Walnut.
300	Vine.	300	Spruce.
400	Callowhill.	400	Pine.
438	Noble.	500	Lombard.
500	Buttonwood.	600	South.
520	Spring Garden.	700	Bainbridge.
600	Green.	740	Fitzwater.
700	Fairmount Avenue.	800	Catharine.
800	Brown.	900	Christian.
836	Parrish.	1000	Carpenter.
900	Poplar.	1100	Washington Avenue.
1200	Girard Avenue.	1200	Federal.
1300	Thompson.	1300	Wharton.
1400	Master.	1400	Reed.
1500	Jefferson.	1500	Dickinson.
1600	Oxford.	1600	Tasker.
1700	Columbia Avenue.	1700	Morris.
1800	Montgomery Avenue.	1800	Moore.
1900	Berks.	1900	Mifflin.
2000	Norris.	2000	McKean.
2100	Diamond.	2100	Snyder.
2200	Susquehanna.	2200	Jackson.
2300	Dauphin.	2300	Wolf.
2400	York.	2400	Ritner.
2500	Cumberland.	2500	Porter.
2600	Huntington.	2600	Shunk.
2700	Lehigh Avenue.	2700	Oregon Avenue.

Straßenbahnen

fahren nach folgenden Richtungen.

Nördlich.	Südlich.	Oestlich.	Westlich.
3te Straße,	2te Straße,	Columbia Avenue.	Master Straße.
5te „	4te „	Girard Avenue.	Girard Avenue.
8te „	6te „	Wallace Straße.	Poplar Straße.
9te „	7te „	Green Straße.	Fairmount Avenue.
11te „	10te „	Spring Garden Str.	Spring Garden Str.
15te „	12te „	Callowhill Straße.	Callowhill Straße.
16te „	13te „	Race „	Vine „
18te „	17te „	Arch „	Arch „
19te „	20ste „	Filbert „	Market „
23ste „	23ste „	Market „	Sansom „
		Chestnut „	Walnut „
		Spruce „	Vine „
		Lombard „	South „

Ridge Avenue Wagen fahren nach Manayunk.

4te und 8te Straßen Wagen fahren nach Germantown.

Der **Fahrpreis** ist auf allen Routen gleich und ist für Personen über 12 Jahre alt.. 7 Cents.

Für Personen unter 12 Jahren,..................................... 4 „

Vier **Billette** sind von den Conducteuren zu haben für............ 25 „

Billets aller Linien sind auf jeder beliebigen Route für eine Fahrt gültig.

Wechsel=Billette, gültig für eine Weiterfahrt auf einer in Verbindung stehenden andern Linie sind nur am Tage der Lösung gültig und kosten.. 9 „

Auf den meisten Linien fahren die Straßenwagen während der Nacht, jedoch sind die Intervallen zwischen 12 Uhr Nachts und 6 Uhr Morgens größer. Der Fahrpreis auf Nachtwagen ist 10 Cents. Wechsel=Billette und gewöhnliche Billete werden nicht ausgegeben.

Man erkundige sich beim Conducteur, auf welchen Linien die Wechsel= Billette Gültigkeit haben.

Die Wagen halten auf allen Punkten ihrer Route um Passagiere aufzunehmen und abzusetzen. Bestimmte Halteplätze giebt es nicht.

Auf mehreren Straßen laufen verschiedene Linien, und der Besucher sollte in der Wahl derselben vorsichtig sein.

Die Durchschnitts = Geschwindigkeit der Straßenwagen ist ungefähr 6 Meilen, oder 60 Straßenquadrate per Stunde.

Alle Straßenbahnen sind auf der Karte von Philadelphia angegeben.

Linien welche nördlich und östlich laufen sind mit ————— bezeichnet, und solche, welche südlich und westlich laufen mit — — — —.

Hotelgebräuche in Philadelphia.

Die folgenden Punkte haben meistentheils auf Hotels ersten Ranges Bezug; in Hotels zweiten oder dritten Ranges ist weniger für die Annehmlichkeiten und Bequemlichkeiten des Besuchers gethan.

Besucher sollten Zimmer per Telegraph oder brieflich engagiren. Bei Ankunft im Hotel sollte der Besucher seinen Namen in's Buch einschreiben und sich sein Zimmer anweisen lassen. Jedes Hotel hat einen öffentlichen Salon oder mehrere, worin sich alle Gäste aufhalten können. Privat-Wohnzimmer werden nur ausnahmsweise benutzt. Trinkgelder an Bediente sind nicht nöthig. Geld, oder Sachen von Werth, sollten zur Aufbewahrung in einem feuerfesten Kassa-Schranke, am Büreau abgegeben werden. Wenn solche in den Zimmern gelassen werden, so geschieht es auf Verantwortlichkeit des Eigenthümers. Ein gedrucktes Tarif der Preise und Hotelregeln ist an der Thüre eines jeden Zimmers angebracht.

In jedem Hotel ersten Ranges befinden sich Dampf-Elevatoren und elektrische oder sonstige Glocken, welche jedes Zimmer mit dem Büreau in Verbindung setzen. Dieselben können gratis benutzt werden.

Aerzte werden im Falle der Nothwendigkeit durch den Hotelsekretär verschafft. Telegraphenbüreaur, Buch- und Zeitungs-Handlungen, (woselbst Billette zu Vergnügungsplätzen zu haben sind), Barbierstuben, Toiletten-, Lese- Billiardzimmer und Garderoben, (woselbst Kleidungsstücke und Gepäck gegen Aushändigung einer Marke aufgehoben werden), sind in jedem Hotel ersten Ranges anzutreffen.

Die Gasthöfe Philadelphia's werden auf zwei verschiedene Arten geführt:

Der Amerikanische Plan besteht darin, daß dem Besucher gegen einen bestimmten Preis per Tag, Logis, Mahlzeiten und Aufwartung zu Theil werden. Vier Mahlzeiten werden täglich an der Tafel servirt, (Frühstück, Mittagessen, Thee und Abendbrod). Ein Oberkellner empfängt die Gäste und weist denselben ihre Plätze an. Letzterer hat die Wahl eines jeden auf der Speisekarte verzeichneten Gerichts. Weine, oder spirituöse Getränke, sowie Mahlzeiten, welche nach den Zimmern gebracht werden, werden extra berechnet. Bei Mahlzeiten für Kinder und deren Aufwärterinnen treten Ermäßigungen ein, wenn sie keinen Platz an der Tafel einnehmen.

Der Europäische Plan besteht darin, daß der Besucher nur für sein Zimmer einen festen Preis bezahlt. Eine Restauration steht mit dem Hotel in Verbindung, woselbst nach der Karte gespeist wird.

Die Centennial Logis-Agentur von Philadelphia wird Billette welche dem Käufer ein angenehmes Logis sichern gegen mäßigen Preis, an allen Bahnhöfen verkaufen; die Agenten derselben werden auf den Zügen den Reisenden alle gewünschte Auskunft ertheilen und für die Ablieferung des Gepäcks am richtigen Orte Sorge tragen.

Es giebt nahe an 2000 Hotels und Kosthäuser in Philadelphia. Eine Liste der Hotels, welche 50 Zimmer und darüber haben, befindet sich auf nächster Seite.

Expreß-Züge werden vom Ausstellungsplatze zu billigen Fahrpreisen, von und nach New York, Baltimore, Harrisburg und andern Punkten laufen, um dem Besucher zu ermöglichen, auf Wunsch außerhalb Philadelphia zu wohnen.

Hotels mit 50 Zimmer oder darüber.

Anmerkung.—Auf der Karte Philadelphia's sind die entsprechenden Nummern angegeben, welche die Lage derselben bezeichnen. Siehe auch „Hotel-Gebräuche in Philadelphia," Seite 32.

Die angegebenen Preise sind diejenigen zu welchen sich Gasthofbesitzer bereit erklärt haben, Gäste während des Jahres 1876 aufzunehmen.

Namen.	Lage.	Anzahl der Zimmer	Capacität.	Preis per Tag.	Karte No.
Continental	9te und Chestnut Straße	500	1000	$5.00	71
Trans-Continental	Elm und Belmont Avenues	500	1000	5.00	173
Globe	Elm und Belmont Avenues	1000	4500	5.00	172
Girard	Chestnut unterhalb der 9ten Str.	400	800	4.50	60
Colonnade	15te und Chestnut Straße	307	700	{ 3.50 5.00	28
La Pierre	Broad unterhalb Chestnut Straße	130	200	3.50	27
St. Cloud	709 Arch Straße	175	400	3.00	43
Bingham	11te und Market Straße	200	600	3.00	19
Merchants'	42 Nord 4te Straße	384	1000	{ 3.00 4.00	55
United States	42ste Str. und Columbia Avenue	300	600	Europäisch.	171
Aubry	34ste und Walnut Straße	400	2000	Europäisch.	152
St. Stephen's	Chestnut oberhalb der 10ten Str.	135	450	{ 3.00 5.00	20
Guy	7te und Chestnut Straße	60	105	Europäisch.	62
The Forrest Mansion Hotel	Broad und Master Straße	—	400	Europäisch.	139
Irving	919 Walnut Straße	102	200	{ 3.00 5.00	22
Washington	Chestnut oberhalb der 7ten Str.	150	350	{ 3.00 4.50	61
St. George	Broad und Walnut Straße	115	200		27
West End	1524 Chestnut Straße	90	175	Europäisch.	28
St. Elmo	317 Arch Straße	200	400	{ 2.50 3.00	53
Markoe	919 Chestnut Straße	50	150	3.00	23
American	517 Chestnut Straße	180	600	3.00	63
St. Charles	54 Nord 3te Straße	175	400	Europäisch.	54
Eagle	227 Nord 3te Straße	150	350	2.50	113
Merchants'	413 Nord 3te Straße	150	350	1.75	108
Ridgway	1 Market Straße	120	175	3.00	118
Central Avenue	831 Market Straße	117	300	2.00	59
Allegheny	814 Market Straße	100	250	2.00	60
St. James	310 Race Straße	100	200	{ 2.00 3.00	52
Red Lion	472 Nord 2te Straße	100	240	2.00	111
Black Horse	352 Nord 2te Straße	100	300	2.00	114
Penn Manor	8te und Spring Garden Straße	83	350	2.00	49
Arch Street House	1 Arch Straße	76	125		115
Montgomery	413 Nord 6te Straße	75	100	2.50	100
Binder's	314 Race Straße	70	200	Europäisch.	52
Black Bear	425 Nord 3te Straße	62	130	2.25	108
Great Western	1311 Market Straße	60	240	{ 2.00 2.50	10
New Market	1619 Market Straße	60	150	2.00	30
European	315 Arch Straße	60	150	Europäisch.	53
Pennsylvania Farmer	346 Nord 3te Straße	60	150	1.50	110
Bald Eagle	416 Nord 3te Straße	60	175	1.75	108
United States	9 Walnut Straße	60	125	Europäisch.	120
Barley Sheaf	257 Nord 2te Straße	60	100	1.75	114
Revere	923 Chestnut Straße	50	200	3.00	23
Lincoln	319 Nord 4te Straße	50	100	2.00	110
Columbia	111 Nord Broad Straße	50	125	2.60	33
Franklin Square	Franklin und Vine Straße	50	125	{ 2.50 3.50	45
Commercial	826 Market Straße	50	125	2.00	60
Tiger	327 Vine Straße	50	160	2.00	110
Davis	6 und 8 Süd Delaware Avenue	50	200	2.00	118

Currantgeld und Bankregeln in den Vereinigten Staaten.

Papiergeld und Nickelmünze sind ausschließlich in den Vereinigten Staaten im Umlauf, mit Ausnahme der Staaten, welche am Pacific Ocean liegen. Das Papiergeld besteht aus Banknoten, welche entweder von der Regierung der Vereinigten Staaten oder von National-Banken ausgegeben sind; letztere sind durch Depositen von Ver. Staaten Bonds auf der Schatzkammer der Ver. Staaten gesichert.

Folgendes Geld ist im Umlauf:

Nickelmünze, 1, 2, 3 und 5 Centstücke.   100 Cents gleich 1 Dollar ($1).

Kleinere Noten, 10, 15, 25 und 50 Cents.

Banknoten, 1, 2, 5, 10, 20, 50, 100, 500 und 1000 Dollars.

Das Goldagio kann täglich in den Zeitungen ersehen werden und schwankt zwischen 10 und 15 Cents per Dollar mit einer fallenden Tendenz.

Besucher, welche Papiergeld gegen ausländische Wechsel zu erhalten wünschen, haben sowohl auf das Goldagio, als auch auf den Cursunterschied Anspruch; die Curse ändern sich täglich und können bei einem Bankier erfragt werden. (Der Werth ausländischen Geldes ist auf Seite 35 zu ersehen).

Alle Checks, Sichtwechsel und Noten, zahlbar bei einer Bank oder einem Bankier, müssen eine Ver. Staaten Einkunftsmarke von 2 Cents tragen.

Banken sind von 10 Uhr Vormittags bis 3 Uhr Nachmittags geöffnet.

Fremde, welche Checks oder Tratten zur Zahlung präsentiren, müssen sich ausweisen können.

Banken vergüten keine Zinsen auf Depositen.

Bankiers vergüten Zinsen und stellen Depositenscheine aus.

Bankiers.

Namen.	Geschäftsplatz.	Namen.	Geschäftsplatz.
Barker Bros. & Co...........	28 S. 3te Str.	Lawson, T. L., & Sons......	19 S. 3te Str.
Barney, Chas. D., & Co.....	114 S. 3te „	Labuer Bros	30 S. 3te „
Brown Bros. & Co............	211 Chest't „	Laughlin & McManus........	20 S. 3te „
Camblos, Chas. & Co	38 S. 3te „	Leiwars, James E., & Co.....	29 S. 3te „
Clart, C. W., & Co.........	35 S. 3te „	Lloyd, Cassatt & Co.........	13 S. 3te „
DeHaven & Townsend........	40 S. 3te „	Lloyd, Wm. H., & Co........	36 S. 3te „
Drexel & Co.................	34 S. 3te „	Maris & Smith..............	18 S. 3te „
Dunn Bros	51 S. 3te „	Narr & Gerlach.............	303 Chest't „
Dunn Smyth & Co...........	112 S. 3te „	North, Heberton & Co.......	125 S. 3te „
Elliott Sons & Co...........	109 S. 3te „	Palmer, S. M., &. Co........	26 S. 3te „
Emory, Freed & Co..........	6 S. 3te „	Peterson, P. S., & Co.......	39 S. 3te „
Fell, Wray & Co............	14 S. 3te „	Sailer & Stevenson..........	46 S. 3te „
Fox, John E., & Co.........	11 S. 3te „	Shelmerdine, W., & Co......	10 S. 3te „
Glendenning, Davis & Co....	48 S. 3te „	Shoemaker, Jos. M., & Co...	134 S. 3te „
Hallowell & Co..............	33 S. 3te „	Smith, D. C. W., & Co......	121 S. 3te „
Hopper, W. G...............	27 S. 3te „	Thouron, N., & Co..........	57 S. 3te „
Howard, Stavers & Bell.....	106 S. 3te „	Wright, Peter, & Sons......	307 Walnut „
Jamison, B. K., & Co.......	3te & Chest't.	Young, James B., & Co......	44 S. 3te „
Kurtz & Co.................	32 S. 3te Str.	Chas. H. Meyer & Co........	227 Chest't „

Werth des ausländischen Geldes.

Namen der Länder.	Namen der Münz	Werth in	
		Gold.	Papiergeld wenn Gold $1.10 steht.
Argentinische Republik..............	Peso fuerte	$1.00	$1.10
Oesterreich...............................	Gulden...................	.453	.498
Belgien....................................	Franc.....................	.193	.212
Bolivia...............	Dollar....................	.965	1.061
Brasilien.................................	Milreis 1000 Reis..	.545	.599
Brittische Besitzung. in N. Amerika.	Dollar....................	1.00	1.10
Bogota....................................	Peso......................	.912	1.003
Central-Amerika......................	Dollar....................	.918	1.009
Chili.......................................	Peso......................	.912	1.003
Cuba.......................................	Peso......................	.925	1.017
Dänemark................................	Krone....................	.268	.294
Ecuador..................................	Dollar....................	.918	1.009
Egypten	Pfund 100 Piaster....	4.974	5.471
Frankreich	Franc.....................	.193	.212
Großbritannien	Pfund Sterling	4.866½	5.352½
Griechenland	Drachme................	.193	.212
Deutsches Reich.......................	Mark.....................	.238	.261
Hayti	Dollar....................	.952	1.047
Japan	Yen	.997	1.096
Indien...............	Rupee 16 annas......	.436	.479
Italien	Lire	.193	.212
Liberien	Dollar....................	1.00	1.10
Mexico...................................	Dollar....................	.998	1.097
Niederlande............................	Gulden...................	.385	.423
Norwegen...............................	Krone....................	.268	.294
Paraguay.................................	Peso......................	1.00	1.10
Peru.......................................	Dollar....................	.918	1.009
Portorico	Peso......................	.925	1.017
Portugal	Milreis 1000 Reis..	1.084	1.192
Rußland	Rubel 100 Kopeken...	.734	.807
Sandwich Inseln........................	Dollar....................	1.00	1.10
Spanien...................................	Peseta 100 centimes..	.193	.212
Schweden	Krone....................	.268	.294
Schweiz...................................	Franc.....................	.193	.212
Tripolis	Mahbub 20 Piasters.	.829	.911
Tunis......................................	Piaster 16 caroubs....	.118	.129
Türkei	Piaster...................	.043	.047
Vereinigte Staaten von Columbia...	Peso......................	.918	1.009
Uruguay..................................	Patacon.................	.949	1.043

Für „Geld und Bankregeln in den Vereinigten Staaten" siehe Seite 34.

Das Dollar-Zeichen ist $.

Der Werth des Amerikanischen Dollars im Vergleich zum Papiergeld kann täglich aus den Zeitungen ersehen werden. Gold steht Agio; dasselbe schwankt zwischen 10 und 15 pro Cent. mit einer fallenden Tendenz. Obige Tabelle dient zur Angabe des Werthes ausländischen Geldes in Papiergeld der Ver. Staaten, wenn Gold zu $1.10 notirt ist.

Das Postamt in Philadelphia.

No. 424, 426 & 428 Chestnut Straße.

Briefkasten befinden sich an den meisten Straßenecken, Laternenpfählen und in den bedeutendsten Hotels.

Portotarif für das Innere des Landes.

Für Briefe nach allen Plätzen der Vereinigten Staaten 3 Cents für jede ½ Unze oder deren Bruchtheil.

Für Stadtbriefe 2 Cents, wo eine freie Ausgabe durch den Briefträger stattfindet. An andern Orten 1 Cent.

Werthbriefe können eingeschrieben werden. Einschreibegebühr 10 Cents.

Posteinzahlungen, nicht über $10.00, 5 Cents; für jede weitere $10.00 oder Bruchtheil 5 Cents.

Bücher, Circulare und Waarenmuster 1 Cent für jede Unze oder Bruchtheil.

Es werden nur solche Packete zur Beförderung angenommen, welche weniger als 4 Pfund wiegen.

Portotarif für das Ausland.

Folgende Tabelle zeigt das Porto für Briefe, Zeitungen u. s. w., welche in den Ver. Staaten auf die Post gegeben werden, um nach dem Auslande zu gehen.

Länder.	Porto auf einfache Briefe für ½ Unze.	Postkarten.	Porto für eine einzelne Zeitung.	Länder.	Porto auf einfache Briefe für ½ Unze.	Postkarten.	Porto für eine einzelne Zeitung.
	Cts.	Cts.	Cts.		Cts.	Cts.	Cts.
Afrika, (über England)	15	...	4	Italien	5	2	2
Argentinische Republik	23	...	4	Japan	15	...	4
Australien	5	...	2	Liberien	15	...	4
Oesterreich	5	2	2	Mexico	10	...	...
Belgien	5	2	2	Niederlande	5	2	2
Brasilien	15	...	4	Neu Süd Wales	12	...	2
Canada	3	1	1	Neuseeland	12	...	2
Chili	17	...	4	Norwegen	5	2	2
China	27	...	4	Peru	17	...	4
Cuba	5	...	2	Paraguay	23	...	4
Dänemark	5	2	2	Portugal	5	2	2
Ostindien	21	...	4	Rußland	5 .	2	2
Egypten	5	2	2	Siam	27	...	6
Frankreich	5	...	3	Spanien	5	2	2
Deutschland	5	2	2	Schweiz	5	2	2
Groß = Britannien und Irland	5	2	2	Schweden	5	2	2
				Tunis	7	...	3
Griechenland	5	2	2	Türkei	5	2	2
Sandwich Inseln	6	...	1	Uruguay	23	...	4
Holland	5	2	2	Venezuela	10	...	...

Telegraphendienst.

Die Telegraphenlinien Philadelphia's umfassen ein System von ungefähr 3000 Meilen, und die der Vereinigten Staaten von ungefähr 200,000 Meilen, abzüglich derjenigen, welche nur Eisenbahnzwecken dienen.

Telegramme nach allen Welttheilen können auf dem Ausstellungsplatze, auf allen Bahnhöfen und Billetbüreaur, in allen größeren Hotels und auf den Telegraphenbüreaur in allen Theilen der Stadt, aufgegeben werden.

Von der „Telegraph Exchange" der Philadelphia Local Telegraphengesellschaft, No. 107 Süd Dritte Straße, aus können Depeschen, über die Western Union Linien, nach allen Welttheilen aufgegeben und Spezialberichte und Auskunft von allen Plätzen des Auslandes erhalten werden. Geschäfts= und Marktberichte jeder Art liegen zur Besichtigung offen.

Die „astronomische Zeitmesser" Uhr, welche sich in diesem Platze befindet und täglich, auf telegraphischem Wege, mit der Zeit des Observatoriums in Washington verglichen wird, giebt die Zeit auf's Allergenaueste an.

Von der amerikanischen Bezirks=Telegraphengesellschaft, sind Apparate in Hotels, Geschäftshäusern und Privatwohnungen angebracht, um Boten und Polizei zu rufen oder Feueralarm zu geben.

Die Linien der Philadelphia und Reading, und Atlantic und Pacific Telegraphengesellschaften erstrecken sich über alle Punkte der anthracitischen Kohlenregionen.

Consule der auswärtigen Mächte in Philadelphia.

Länder.	Namen.	Adresse.
Argentinische Republik......	E. Shippen....................	532 Walnut Straße.
Oesterreich	Lars Westergaard............	138 S. Zweite Str.
Belgien	G. E. Sauermann............	1104 Chestnut Str.
Brasilien	Edward S. Sahres............	268 S. Dritte Str.
Chili	E. Shippen..................	532 Walnut Str.
Ver. St. von Columbia	Leon de la Cova............	218½ Walnut Str.
Dänemark	Fredk. F. Mohlerk..........	22te und Sansom Str.
Ecuador	E. Shippen..................	532 Walnut Str.
Frankreich	C. A. Ravin d'Elpeur (B. C.)......	525 S. Achte Str.
Deutsches Reich..............	Chas. H. Meyer............	227 Chestnut Str.
Groß Britannien..........{	Chas. Edw. K. Kortright (C.)..........	619 Walnut Str.
	Geo. Crump (B. C.)	
Ungarn......................	Lars Westergaard............	138 S. Zweite Str.
Italien	Alonzo M. Viti............	115 Walnut Str.
Liberien	Edward S. Morris..........	129 S. Front Str.
Niederlande	Lars Westergaard............	138 S. Zweite Str.
Nicaragua	Henry C. Potter............	260 S. Neunte Str.
Orange St., Süd Afrika..	Henry W. Riley............	602 Arch Str.
Peru........................	Saml. J. Christian..........	141 N. Water Str.
Portugal....................	Edw. S. Sahres............	268 S. Dritte Str.
Rußland....................	Henry Preaut (B. C.)........	500 Delaware Ave.
Spanien ....{	Don Juan Morphy	524 Walnut Str.
	Don Juan Alfredo Principe y Satorres (B. C.)	
Schweden und Norwegen..	Lars Westergaard............	138 S. Zweite Str.
Schweiz ....{	Rudolph Koradi (C.)..........	314 York Avenue.
	Werner Itschner (B. C.)......	233 Chestnut Str.
Uruguay....................	Chas. W Matthews (B. C.)....	133 Walnut Str.
Venezuela	Leon de la Cova............	218½ Walnut Str.

Vergnügungsorte.

Anmerkung.—Auf der Karte von Philadelphia sind die Orte mit den entsprechenden Nummern bezeichnet.

Namen.	Lage.	Art der Vorstellungen.	Vorstellungen. Nachmitt. / Abend Uhr.		Entrée.	Gallerie.	2te Rangloge.	1ste Rangloge.	Reservirte Sitze extra.	Sperrsitz.	Erhöht in Parterrelogen.	Privateingang Logen. (Dollard)	Karte No.
Akademie der Musik	Broad und Locust Straße	Opern		8	$0.75	$0.50	$0.50	$1.00	$0.25	$1.50	$1.50	8, 10	25
Chestnutstraße Theater	1218 Chestnut Straße	Dramatisch		8		.25	.50	.75		1.40	1.50	10	11
Walnutstraße Theater	9te und Walnut Straße	„		8		.25	.50	.50		1.00	1.50	10	71
Archstraße Theater	609 Arch Straße	Musikalisch		7¾	.50	.25	.50	.50				6	44
Theater von Theodor Thomas	Broad und Walker Straße	„	2	8	.50	.25	.50	.50	.25	.75			139
Kiralfy's Alhambra Palastgarten	Broad unterhalb Locust Straße	Varieté	2	8								5, 7, 10	28
Fox's neues american. Theater	Chestnut oberhalb der 10ten Str.	„	2	8	.25	.25	.25	.50	.25	.75	1.50	5, 5, 10	19
Großes Central Theater	Walnut oberhalb der 8ten Str.	„			.25	.25							71
Neues Nationaltheater	10te und Callowhill Straße	„			.25	.25						5	41
Gross's Varietétheater	7te unterhalb Arch Straße	Minstrels	2	8	.25	.25	.50	.50	.25	.75	1.00		57
Gross's Museum	9te und Arch Straße	„	2	8	.25	.25	.75	.75	.25	1.00			7
Archstraße Opernhaus	Arch oberhalb der 10ten Straße	„	2	8	.50	.25	.50	.50	.25	.75			6
Elfstraße Opernhaus	11te unterhalb Market Straße	Minstrels	2	8	.50	.25	.50	.50		.75			19

Die Kassen sind von 9 Uhr Morgens bis 5 Uhr Abends, zum Verkauf von Billeten für reservirte Plätze, geöffnet.

Reservirte Plätze können ohne weitere Unkosten durch die meisten Localagenturbureaur gesichert werden.

Point Breeze Park Rennbahn, via Pennsylvania Eisenbahn.   Suffolk Park Rennbahn, via Philadelphia, Wilmington u. Baltimore Eisenbahn.

Belmont Driving Park Rennbahn, via Pennsylvania Eisenbahn.

Namen.	Lage.	Geöffnet.	Eintrittspreis.	Karte No.
Akademie der schönen Künste	Broad und Cherry Straße	Täglich	25 Cents	33
Akademie der Naturwissenschaften	19te und Race Straße	Mittwochs 3½ U. Nachm.	10 Cents	39
Blindenanstalt	20te und Race Straße	Täglich	25 Cents	89
Zoologischer Garten	Fairmount Park			165
Horticulturhalle	Broad Straße nahe der Locust Straße			25
Concerthalle	1221 Chestnut Straße			11
Männerchor Halle	808 Locust Straße			72
"Musical Fund" Halle	717 Fairmount Avenue			102
"National Guards" Halle	520 Race Straße			47
Sänger und Garden Halle	533 Nord 8te Straße			49
Washington Halle	810 Springgarten Straße			49
Continental Halle	806 Girard Avenue			101

Oeffentliche Gebäude und Stiftungen.

Auf beifolgender Karte von Philadelphia sind die Orte mit den entsprechenden Nummern bezeichnet.

Namen.	Lage.	Geöffnet.	Wo Eintritts-Billette zu haben sind.	Karte No.
Independence Halle...	Chestnut oberhalb der 5ten Straße............	8 Uhr Vormittags bis 10 Uhr Abends.......	Kein Billet nöthig	68
Nationales Museum..	Independence Halle...	8 U. Vorm. bis 10 Ab.	„ „	68
Zollamtsgebäude	Chestnut ob. der 4ten.	9 Vorm. bis 3 Nachm.	„ „	64
Gerichtsgebäude	Chestnut ob. der 5ten.	....	„ „	68
Stadtgebäude..........	Broad u. Market Str.	Im Bau begriffen......	„ „	1
Postgebäude	Chestnut unterhalb der 5ten Straße	Zu jeder Zeit.........	„ „	64
Neues Postgebäude....	9te und Chestnut Str.	Im Bau begriffen......	„ „	23
Münze der Ver. Staat.	Juniper & Chestnut St.	10 bis 12 Uhr Vorm...	Am Eingang	9
Philadelphia Staats= gefängniß.............	Paßhunk Ave. unter= halb Reed Straße.	Täglich mit Ausnahme von Samstag, 9 bis 12, 2 bis 4.	Bei Richtern und Gefängniß=In= spectoren,...	127
Oestliches Zuchthaus..	Fairmount Ave.unter= halb der 22sten Str.	1 bis 5 Uhr, ausgen. Samst. u. Feiertage.	Bei den Inspec= toren......	132
Correctionshaus	Bridesburg............	Montags, Mittw. u. Freit., von 10 bis 2,	51 Nord 6te Str..	
Zufluchtshaus...........	23ste und Parrish St.	Montags, Mittw. u. Freit., von 10 bis 2.	21 Nord 7te Str..	133
Ver. Staaten Arsenal.	Gray's Ferry Road, Schuylkill	Täglich............	Kein Billet nöthig	128
Ver. Staaten Arsenal.	Bridesburg............	....		
Marine Werfte.........	League Island......	Täglich............	Kein Billet nöthig	181
Blockley Armenhaus..	34ste u. Darby Road.	Dienstag, Donnerst. u. Samst. von 9 bis 5.	Bei den Verwal= tern......	147
Todtenhalle	Beach und Noble Str.	Dienstag, Donnerst. u. Samst. von 9 bis 5.	Kein Billet nöthig	109
Freimaurertempel.....	Broad u. Filbert Str.	Donnerst., v. 10 bis 2.	„ „	2
Verein der christlichen jungen Leute....	15te u. Chestnut Str.	Täglich............	„ „	27
Fairm't Park Kunst= verein........	Green Str. Eingang.	Täglich............	„ „	131
Blindenanstalt..........	20ste u. Race Straße.	Täglich, von 9 bis 5, Samstags ausgen...	„ „	89
Pennf. Taubstummen= Anstalt	Broad u. Pine Str....	Jeden Donnerstag um 3 Uhr Nachmittags.	„ „	24

Club-Häuser.

Name des Clubs.	Lage.	Karte No.	Name des Clubs.	Lage.	Karte No.
Union League	Broad oberh. Wal= nut Straße.........	27	Penn..............	233 Süd 8te Straße.	72
Philadelphia.......	13te u. Walnut.	12	Sketch..........	10 Merrick.........	32
Reform...........	1520 Chestnut....	28	Sozialer Kunst..	1525 Chestnut.........	28
St. Georg	1300 Arch	3	Deutsche Gesellsch.	24 Süd 7te....	62
Merchants'........	246 Süd Dritte...	77	Tinicum Fisch....	Tinicum	...
Press.............	505 Chestnut......	63	State in Schuyl= kill	(Fish H.) Gray's Fähre	163

Finanzielle und Handels-Vereine.

Anmerkung.—Siehe auf der beifolgenden Karte von Philadelphia die entsprechenden Nummern, welche die Lage der Gebäude bezeichnen.

Namen.	Lage.	Kart No.
Maklercollegium	21 Merchants' Exchange	121
Handelscollegium	Kaufmännische Bibliothek, 10te Straße oberhalb Chestnut	19
Handelskammer	133 Süd 2te Straße	120
Handelsbörse	133 Süd 2te Str.	120
Verein der Spezereihändler en gros	119 Süd Front Str.	120
Philadelphia Droguenbörse	17 Süd 3te Str.	65
Philadelphia Börsengesellschaft	3te und Walnut Str.	121
Seehandelsbörse	131 Süd 2te Str.	120
Tabaksgeschäft von Philadelphia	31 Nord Water Str.	117

Deposit- und Credit-Anstalten.

Name.	Kapital.	Lage.
Fidelity Versicherungs, Credit und Depositen Gesellschaft	$1,500,000	329 Chestnut Straße.
Guarantee Credit und Deposit Gesellschaft	1,100,000	320 Chestnut Str.
Penn Credit und Deposit Gesellschaft	100,000	Spring Garden Str. u. Ridge Ave.
Pennsylvania Lebensversicherungsgesellschaft	2,000,000	431 Chestnut Str.
Philadelphia Credit und Deposit Gesellschaft	1,000,000	417 Chestnut Str.
Pennsylvania Lager Gesellschaft	250,000	58 Süd 3te Str.
Philadelphia Lager Gesellschaft	1,000,000	Dock Str. unterhalb der 3ten.

In den Depositanstalten sind Kassaschränke in feuerfesten Gewölben, zur Sicherstellung von Werthsachen, zu vermiethen.

Vereine für Kunst und Wissenschaften.

Namen.	Lage.	Kart No.
Akademie der Naturwissenschaften	19te und Race Straße	37
Akademie der schönen Künste	Broad und Cherry Str.	33
Athenäumgesellschaft von Philadelphia	6te und Adelphi Str.	75
Amerikanische philosophische Gesellschaft	104 Süd 5te Str.	68
Amerikanische entomologische Gesellschaft	518 Süd 13te Str.	81
Carpenters' Gesellschaft von Philadelphia	322 Chestnut Str.	66
Fairmount Park Kunstverein	Green St. Eingang zum Fairmount Park	131
Franklin Institut	15 Süd 7te Str.	62
Germantown wissenschaftlicher Verein	4836 Germantown Ave.	...
Historische Gesellschaft von Pennsylvania	820 Spruce St.	80
Rechtsgelehrsamkeitsverein v. Philadelphia	6te und Walnut Str.	75
Numismatische u. antiquarische Gesellschaft von Philadelphia	18te und Chestnut Str.	38
Philadelphia Zeichenschule für Frauen	Merrick und Filbert Str.	32
Zoologische Gesellschaft von Philadelphia	35ste Str. und Girard Ave.	165

Banken.

Namen.	Kapital.	Lage.
Bank Liquidationshaus	....	429 Chestnut Straße.
Bank von Amerika	$ 250,000	306 Walnut Str.
Bank von Nord Amerika	1,000,000	307 Chestnut Str.
Centennial National Bank	300,000	{ 3126 Market Str. / Zweig auf dem Ausstellungsplatz.
Central National Bank	750,000	109 Süd 4te Str.
City National Bank	400,000	32 Nord 6te Str.
Kaufmännische National Bank	810,000	314 Chestnut Str.
„Commonwealth" National Bank	300,000	400 Walnut Str.
Consolidirte National Bank	300,000	331 Nord 3te Str.
Productenbörse Bank	500,000	2te und Chestnut Str.
8te Nationalbank	275,000	2te Str. und Girard Avenue.
Nationalbank der Landwirthe u. Arbeiter	2,000,000	427 Chestnut Str.
Erste Nationalbank	1,000,000	313 Chestnut Str.
Girard Nationalbank	1,000,000	116 Süd 3te Str.
Kensington Nationalbank	250,000	969 Beach Str.
Keystone Bank	400,000	1326 Chestnut Str.
Manayunt Bank	100,000	4371 Main Str., Manayunt.
Kaufmännische Börsenbank	100,000	133 Süd 3te Str.
Fabrikanten National Bank	1,000,000	27 Nord 3te Str.
Arbeiter National Bank	800,000	22 Süd 3te Str.
Nationale Handelsbank	250,000	209 Chestnut Str.
National Bank von Germantown	200,000	4800 Germantown Ave.
National Bank der Northern Liberties	500,000	3te und Vine Str.
National Bank der Republik	1,000,000	320 Chestnut Str.
Nationale Sicherheitsbank	250,000	7te Str. und Girard Ave.
Penn National Bank	500,000	6te und Vine Str.
Volksbank	100,000	437 Chestnut Str.
Philadelphia National Bank	1,500,000	423 Chestnut Str.
2te National Bank	300,000	4434 Frankford Ave.
7te National Bank	250,000	401 Market Str.
Shackamaxon Bank	300,000	1737 Frankford Ave.
6te National Bank	150,000	2te und Vine Str.
Southwark National Bank	250,000	610 Süd 2te Str.
Spring Garden Bank	250,000	Spring Garden und Ridge Ave.
Staatsbank von Camden, N. J.	260,000	212 Church Str.
3te National Bank	300,000	1428 Market Str.
National Bank der Handelsleute	200,000	111 Süd 3te Str.
Bank des 22sten Bezirks	100,000	4850 Germantown Ave.
Union Bankgesellschaft	700,000	310 Chestnut Str.
Union National Bank	500,000	101 Nord 3te Str.
Bankgesellschaft der Vereinigten Staaten	200,000	10te und Chestnut Str.
West Philadelphia Bank	500,000	3938 Market Str.
Westliche National Bank	400,000	408 Chestnut Str.

Sparkassen.

Namen.	Lage.	Namen.	Lage.
Beneficial	1200 Chestnut Straße.	Philadelphia	700 Walnut Straße.
Germantown	4908 Germantown Ave.	Westliche	1000 Walnut Str.
Nördliche	6te u. Spring Garden St.		

Hospitäler, Asyle und Armen-Apotheken.

Anmerkung.—Auf beifolgender Karte von Philadelphia sind die Orte durch die entsprechenden Nummern bezeichnet.

Namen.	Lage.	Karte No.
Charité Hospital von Philadelphia	1832 Hamilton Straße	92
Kinderhospital	22ste Str. oberhalb Locust	86
Kirchen-Armen-Apotheke, Southwark	1719 Süd 9te Str.	145
Städtisches-Hospital	Hart Lane und Lamb Tavern Road	
Christ-Kirche Hospital	Belmont Ave. u. Monument Road	
Armenapotheke für Hautkrankheiten	216 Süd 11te Str.	17
Augen und Ohren Institut der Philadelphia Armenapotheke	13te und Chestnut St.	10
Franklin Besserungsanstalt für Trunksüchtige	913 Locust Str.	72
Irrenanstalt der Freunde	Nahe Frankford	
Deutsches Hospital	Corinthian u. Girard Avenues	134
Germantown Hospital	Schoemaker's Lane, nahe Chew Str.	
Gynäcologisches Hospital	Olney Road	
Hospital für Nervenleidende	Main Str., Chestnut Hill	
Hospital der protestantischen Episcopal Kirche	Front und Huntingdon Str.	
Hospital der Jefferson medicinischen Hochschule	Sansom Str. oberhalb der 10ten	20
Hospital der Universität von Pennsylvania	34ste und Spruce Str.	152
Howard Hospital u. Krankenhaus für Unheilbare	1518 und 1520 Lombard Str	84
Ohren Heil-Anstalt	43 Süd 17te Str.	84
Jüdisches Hospital	Olney Road	
Magdalena Asylum	21ste Str. oberhalb Race	89
Nördliche Armenapotheke von Philadelphia	608 Fairmount Ave.	106
Heimath für alte Leute	Powelton und Saunders Aves	150
Waisenhaus und Asyl für Alte und Gebrechliche der evangelisch-lutherischen Kirche	5580 Germantown Ave.	
Penn Asyl für Wittwen	Belgrade Str. oberhalb Otis	
Pennsylvania Hospital	8te und Spruce Str.	80
Pennsylvania Irrenanstalt	44ste Str. und Haverford Road	177
Philadelphia Armenapotheke	127 Süd 5te Str.	64
Philadelphia Hospital	Darby Road, unterhalb Spruce Str.	147
Philadelphia orthopädisches Hospital	Eck der 17ten und Sommer Str.	36
Presbyterianisches Hospital	39ste und Filbert Str.	150
Preston Charité	20ste und Hamilton Str.	95
St. Ann's Wittwen-Asyl	906 Moyamensing Ave.	
St. John's Waisenhaus für Knaben	Westminster Ave. und 49ste Str.	176
St. Joseph's Hospital	Girard Ave. und 16te Str.	137
St. Joseph's Waisenhaus für Mädchen	700 Spruce Str.	79
St. Mary's Hospital	Palmer Str. und Frankford Road	
St. Vincent Waisenhaus	Tacony	
Südliche Armenapotheke	318 Bainbridge Str.	124
Südliche Heimath für verwahrloste Kinder	12te und Fitzwater Str.	99
Staatshospital für Frauen und Kinder	1718 Filbert Str.	31
Asyl für Seeleute der Vereinigten Staaten. }	Gray's Fähre Road, unterhalb der Bainbridge Str.	128
Hospital für Seeleute der Vereinigten Staaten. }		
Wills Augenheilanstalt	Race Str. unterhalb der 19ten	37
Frauenhospital von Philadelphia	Nord College Ave. und 22ste Str.	135

Regeln für die Aufnahme in Hospitälern.

Man wende sich an den Hausmeister oder den diensthabenden Verwalter, um Erlaubnißscheine zur Aufnahme von Patienten zu erhalten.

Personen, welche einen Unfall erlitten haben, werden zu jeder Zeit, am Tage oder in der Nacht, aufgenommen. Ein Erlaubnißschein ist nicht nöthig, wenn die Patienten innerhalb vierundzwanzig Stunden nach erlittenem Unfall in's Hospital gebracht werden.

Bibliotheken und Lesezimmer.

Anmerkung.—Siehe auf der beifolgenden Karte von Philadelphia die entsprechenden Nummern, welche die Lage der Gebäude bezeichnen.

Namen.	Lage.	Kart No.
Historische Gesellschaft der amerikanischen Baptisten..	530 Arch Straße	56
Bibliothek der amerikanischen Arbeiter	4te und Georg Str	104
Athenäum Bibliothek	6te und Adelphi Str	75
Bibliothekverein der Lehrlinge	500 Arch Str.	56
Bibliothekverein der amerikanischen Protestanten	1415 Locust Str.	25
Bibliothek der Freunde	304 Arch Str.	53
Germantown Bibliothek	4838 Germantown Ave.	
James Page Bibliothek	208 Ost Girard Ave.	152
Bibliothekverein der Freunde	Race und 15te Str.	40
Bibliothekverein von Philadelphia	5te und Library Str.	67
Bibliothek der deutschen Gesellschaft.	24 Süd 7te Str.	62
Bibliothek des Rechtsgelehrsamkeitsvereins	532 Walnut Str.	75
Kaufmännischer Bibliothekverein	10te oberhalb Chestnut Str.	19
Bibliothek des Arbeiterinstituts	1110 Süd 5te Str.	138
Moyamensing Bibliothek	11te und Catharine Str.	98
Bibliothek der Odd Fellows	806 Nord 3te Str.	105
Philadelphia Stadtbibliothek	18te und Chestnut Str.	38
Spring Garden Institut	1349 Spring Garden Str.	93
Southwark Bibliothekverein	765 Süd 3te Str.	125
Wm. Brotherhead's Bibliothek	205 Süd 13te Str.	14
West Philadelphia Instituts Bibliothek	4050 Market Str.	152
Wagner's freies Institut der Wissenschaften	17te Str. und Montgomery Ave.	153
Der Ridgway Zweig der Philadelphia Bibliothek	Broad und Christian Str.	94

Hochschulen.

Akademie der protestantischen Episcopal Kirche	Locust und Juniper Str.	14
Collegium der Aerzte von Philadelphia	13te und Locust Str.	14
Girard Hochschule	Ridge Ave. und 19te Str.	136
Hahnemann medicinische Hochschule und Apotheke.	1105 Filbert Str.	4
Jefferson medicinische Hochschule von Philadelphia.	10te unterhalb Chestnut Str.	20
Pennsylvania Hochschule der Zahn-Chirurgie	10te und Arch Str.	6
Phiadelphia Hochschule der Pharmacie	147 Nord 10te Str.	6
Philadelphia Hochschule für Zahnärzte	108 Nord 10te Str.	6
Polytechnische Hochschule des Staates Pennsylvania	1716 Market Str.	31
St. Joseph's Hochschule	317 Willing's Allee	77
Theologisches Seminar der evang.-lutherischen Kirche	216 Franklin Str.	45
Universität von Pennsylvania	34ste und Locust Str.	152
Medicinische Frauenhochschule von Pennsylvania	21ste und Nord College Ave.	135

Eilgut-Linien.

Namen.	Nach Westen über	Büreau.
Diamond Linie	Phila. Wilm. u. Balt. Eisenb.	Broad Str. u. Washington Ave.
Empire Linie	Penna. Eisenb. (via Erie. Pa.).	1125-1129 Girard Str.
		25 Süd 5te Str.
Erie und Nordküste	Erie Eisenb.	732 Chestnut Str.
Great Western Dispatch	" "	732 Chestnut Str.
National Linie	Pennsylvania Eisenb.	23 Süd 5te Str.
Union Star Linie	" "	23 Süd 5te Str.
Waverley Linie	Nord Pennsylvania Eisenb.	732 Chestnut Str.

Zeitungen, welche in Philadelphia veröffentlicht werden.

Namen.	Preis der Exemplar (Cents)	Politische Richtung.	Expedition.
Day..................(täglich)	2	Unabhängig ...	42 Süd 6te Straße.
Evening Bulletin................... „	3	Republikanisch...	607 Chestnut Str.
Evening Chronicle................... „	2	Demokratisch...	21 Süd 7te Str.
Evening Expreß .... „	1	Unabhängig ...	700 Chestnut Str.
Evening Herald................... „	2	„ ...	27 Süd 7te Str.
Evening Star..... „	1	„ ...	30 Süd 7te Str.
Evening Telegraph .... „	3	Republikanisch.	108 Süd 3te Str.
North American u. U. S. Gazette....... „	4	„ ...	132 Süd 3te Str.
Philadelphia Abendpost (deutsch).......... „	2	Unabhängig ...	465 Nord 3te Str.
Philadelphia Demokrat „ ...... „	3	Demokratisch...	614 Chestnut Str.
Philadelphia Freie Presse „ ...... „	3	Republikanisch.	418 Nord 4te Str.
Philadelphia Inquirer................... „	2	„ ...	304 Chestnut Str.
Philadelphia Volksblatt (deutsch).......... „	3	Demokratisch...	23 Süd 7te Str.
Preß................................... „	3	Republikanisch.	700 Chestnut Str.
Public Ledger................... „	2	Unabhängig ...	600 Chestnut Str.
Public Record .... „	1	„ ...	300 Chestnut Str.
The Item................... „	2	„ ...	28 Süd 3te Str.
Times................... „	2	„ ...	713 Chestnut Str.
Sunday Item..................(Sonntags)	5	„ ...	28 Süd 7te Str.
Sunday Dispatch................... „	5	„ ...	152 Süd 3te Str.
Sunday Mercury................... „	5	Demokratisch...	152 Süd 3te Str.
Sunday Preß .... „	5	Unabhängig ...	27 Süd 7te Str.
Sunday Republic................... „	5	Republikanisch.	328 Chestnut Str.
Sunday Transcript................... „	5	Unabhängig ...	701 Chestnut Str.
Sunday Tribune................... „	5	„ ...	21 Süd 7te Str.
Sunday Times................... „	3	„ ...	819 Walnut Str.
Sonntag Neue Welt (deutsch) .... „	5	„ ...	

Transportgesellschaften.

Namen.	Befördern n	Büreaux.
Adams Expreß...................	Allen Punkten...................	531 Chestnut Straße.
Atkinson's „	Manayunk und Falls of Schuylkill.	9 Süd 3te Str.
Blaker's „	Frankford...................	1 Nord 3te Str.
Central „	Punkten in Nord Pennsylvania...	1 Süd 11te Str.
Holcomb's „	Bridesburg und Richmond........	9 Süd 3te Str.
Ingram's „	Camden, N. J.	10 Market Str.
McCabe's „	Stadt und West Philadelphia......	1 Nord 3te Str.
Mann's Gepäck Expreß...................	Allen Stadttheilen...................	101 Süd 5te Str.
New Jersey Expreß...................	New Jersey Punkten...................	531 Chestnut Str.
Philadelphia und Reading Eisenbahn Expreß	Punkten an der Philadelphia und Reading Eisenbahn...................	624 Chestnut Str.
Philadelphia Local Expreß........	Allen Stadttheilen...................	30 Süd 5te Str.
Pownall's Expreß...................	Germantown	9 Süd 3te Str.
Ticknor's Expreß...................	Roxborough	9 Süd 3te Str.
Union Transfer Co...................	Allen Stadttheilen...................	838 Chestnut Str.

Kirchen und Gotteshäuser.

Gottesdienst wird gewöhnlich abgehalten: { Morgens......10.30 Uhr / Nachmittags. 3.30 „ / Abends........ 7.45 „

Religions-Secten.	Anzahl der Kirchen.	Lage der bedeutendsten Kirchen.	Name deren Pastoren.
Advent christliche Kirche,........	3		
Baptisten....................	63	N. W. Eck Broad u. Arch St.	Rev. G. D. Boardmann.
Bibel Christen...............	1	3te Str.oberh.Girard Ave.	
Christliche Evangelisten.....	1	17te u. Fairmount Ave.....	Rev. A. A. Phelps.
Unabhängige Christen.........	2	Christian unterh. 6te Str.	„ E. E. Mitchell.
Kirche Gottes................	1	Germantown und Berks....	„ B. F. Beck.
Congregational...............	2	18te und Green Str......	„ James R. Danforth.
Jünger Christi	2	12te oberh. Wallace Str...	„ L. Hayden.
Evangelischer Verein.........	8	8te unterhalb Girard Ave.	„ E. E. Chubb.
Französ.Prot.Episcopal Kirche	1	21ste oberh. Chestnut Str.	„ C. Miel.
Freunde (Orthodox)...........	6	4te und Arch Str......	
„ (Hicksite).............	8	Race oberhalb 15te Str.....	
„ (Primitive)	1	Olive oberh. 11te Str.....	Jos. E. Maule.
Israeliten...................	11	Broad u. Mount Vernon...	Rev. Dr. M. Jastrow.
Lutheraner (Englisch)........	11	S. W. Eck Broad u. Arch St.	„ Jos. A. Seiß.
„ (Deutsch)............	12	Franklin unterh.Vine Str..	„ Wm. J. Mann.
„ (Unabhängig)......	2	4te und Canal Str........,	„ Geo. F. Müller.
Mennoniten.......... ..	3	Diamond nahe d.5ten Str..	„ Albert E. Funk.
Methodist Episcopal..........	89	S. O. Eck Broad u. Arch..	„ R. M. Hatfield.
„ „ (afrikanisch)	9	6te oberh. Lombard Str...	„ Theodore Gould.
„ „ (frei)......	1	Master unterh. 23ste Str...	„ James Matthews.
Herrnhuter...................	4	Franklin u. Wood Str....	„ Edw. Rondthaler.
Neue Kirche (Swedenborgische)	3	Broad u. Brandywine St.	„ W. F. Pendleton.
Presbyterianer...............	75	21ste und Walnut Str.....	„ Elias R. Beadle.
„ (reform.Synode)	3	17te und Filbert Str.....	„ T. P. Stevenson.
„ („ original,)	1	12te und Filbert Str.....	„ David Steele.
„ („ gen. Syn.)	8	Broad unterh. Spruce Str..	„ T. W. J. Wylie, D.D.
„ (vereinigte)	12	Race unterh. 4te Str.....	„ J. B. Dales, D.D.
Protestant. Episcopal.........	91	Locust oberh. 16te Str....	„ E. A. Hoffman, D.D.
Reformirte Episcopal.........	3	N. O. Eck 18te u. Chestnut.	„ W. R. Nicholson.
„ Kirche in d. Ver. St.	16	Race unterh. 4te Str.....	„ E. H. Nevin, D.D.
Römisch katholisch	43	18te oberh. Race Str........	Rt. Rev. Jas. F. Wood.
Unitarier...................	2	10te und Locust Str.....	Rev. Joseph May.
Universalisten........	3	Locust unterh. Broad Str.	Rev. E. G. Brooke, D.D.
	503		

Viele dieser Secten haben schöne Gebäude zum Verkauf ihrer religiösen Schriften und zur Benutzung deren Herausgeber, errichtet. Wir erwähnen u. A. das presbyterianische Gebäude, No. 1332 Chestnut Straße; das Baptisten Gebäude, No. 1422 Chestnut Str., das Methodisten Gebäude, No. 1018 Arch Str., die amerikanische Sonntagsschule Union, No. 1122 Chestnut Str.

Der „Verein der christlichen jungen Leute" hat vor Kurzem ein prachtvolles Gebäude, an der S. O. Ecke der 15ten und Chestnut Straße, für seine Mitglieder errichtet. Es enthält einen schönen Audienzsaal mit Sitzen für 1800 Personen, eine Bibliothek, Lesezimmer, Turnanstalt, Kegelbahn, und Klassenzimmer für den Unterricht im Zeichnen, in der Musik und in fremden Sprachen, und einen kleineren Saal für debattirende und literarische Gesellschaften.

Kurze Ausflüge auf dem Wasser.

Namen der Boote.	Auf dem Delaware.		Zeit.	Fahrpreis.
	Abfahrt vom Quai.	Nach.		
Camden und Phila-delphia Fähre......	Market Straße........	Camden, N. J............	Alle 15 Min....	5 Cts.
Gloucester, N. J., Fähre...............	South Str............	Gloucester, N. J.......	Alle 30 Min....	10 Cts.
Kaighn's Point Fähre...............	South Str............	Kaighn's Point, N. J...	Alle 30 Min....	5 Cts.
Kensington und N. J. Fähre...........	Shackamaxon Str....	Cooper's Point, N. J...	Alle 20 Min....	5 Cts.
Vine Str. Fähre.....	Vine Str............	Cooper's Point, N. J...	Alle 15 Min....	5 Cts.
West Jersey Fähre...	Market Str..........	Camden, N. J........	Alle 15 Min....	5 Cts.
Twilight	Chestnut Str........	Florence Heights, N. J.	Täglich, 7 B. M. u. 3 N. M.	25 Cts.
Edwin Forrest......	Arch Str............	Trenton, N. J..........	Täglich....	40 Cts.
John A. Warner....	Chestnut Str........	Bristol, Pa...........	Täglich, 2 und 6 Uhr N. M.	25 Cts.
Ariel	Arch Str............	Bombay Hook, Del....	Täglich....	75 Cts.
Reybold...........	,,	Salem, N. J........	Tägl. 2 N. M.	50 Cts.
Perry.............	,,	Salem, N. J........	,, 8.30 B. M.	50 Cts.
Lamokin	,,	Leipsic, Del.........	Mont., Mittw., Freit. 11 B.M.	$1.00
Sarah K. Taggart..	,,	Chester, Pa........	Tägl. 3 N. M.	25 Cts.
Jersey Blue.......	,,	Bridgeport, N. J....	Tägl. 3 N. M.	35 Cts.
John Smith........	Unterh. Chest't. Str.	Smith's Island......	Alle 10 Min....	10 Cts.

Anmerkung.—Besucher können leicht ausfindig machen, wo die obigen Boote liegen, wenn sie sich an den genannten Quais erkundigen.

Auf dem Schuylkillflusse fahren eine Anzahl Dampfboote von den Wasserwerken in Fairmount nach den Schuylkill-Falls und halten am Zoologischen Garten und am Ausstellungsplatze.

Billette werden an Bord der Boote gelöst.

Eine Anzahl hervorragender Schiffbauer werden Dampf-Yachts und Schleppdampfer, als Ausstellungsgegenstände, auf die Delaware- und Schuylkill-Flüsse legen. Dieselben dienen dazu, den Fortschritt auf dem Gebiete der Schiffbaukunst zu illustriren. Schaluppen und Schooner-Yachts auf dem Delaware, wie auch obige Boote sind zu miethen. Zahlreiche Boothäuser befinden sich am Ufer des Schuylkill Flusses am Fairmount-Damm, woselbst Ruderboote zu haben sind. Von diesem Punkte aus stromaufwärts bildet der Fluß einen der schönsten Rudercurse der Welt. Auf diesem wird das internationale Wettrudern stattfinden. Boote sind ebenfalls an den Restaurationen am Wissahickon, einem historischen Strom, dessen Mündung sich ungefähr vier Meilen oberhalb des Fairmount-Dammes befindet und der durch den schönsten und romantischsten Theil des Fairmount-Park fließt, zu miethen.

Seebäder, welche von Philadelphia aus leicht erreichbar sind.

Atlantic City, N. J., 60 Meilen von Philadelphia entfernt. Nimm die Camden und Atlantic Eisenbahn, von dem Vine Straßen Quai aus; Fahrpreis $2.00; Rundreisebillette zu reduzirten Preisen. Es giebt daselbst ungefähr 65 Hotels und Kosthäuser, deren Preise von $1.75 bis $4.00 per Tag oder $10.00 bis $25.00 per Woche variiren. Folgende sind die bedeutendsten Hotels: United States, Congreß Hall, Surf House, Chalfonte House, Fothergill House und Dennis Cottage.

Cape May, N. J., 82 Meilen von Philadelphia entfernt. Nimm die West Jersey Eisenbahn, am Market Straßen Quai; Fahrpreis $2.50; Rundreisebillette billiger. Es befinden sich daselbst ungefähr 46 Hotels und Kosthäuser, deren Preis von $2.00 bis $4.50 per Tag oder $12.00 bis $25.00 per Woche variiren. Die bedeutendsten Hotels sind: Stockton House, Congreß Hall, Columbia House, Atlantic Hotel und Hallenbeck's Cottage.

Long Branch, N. J., 88 Meilen von Philadelphia entfernt. Nimm die Pennsylvania Eisenbahn, an der 32sten und Market Straße; Fahrpreis $2.25; Rundreisebillette billiger. Es befinden sich daselbst Hotels und Kosthäuser, deren Preise von $2.00 bis $4.50 per Tag oder $12.00 bis $25.00 per Woche variiren. Die bedeutendsten Hotels sind: West End, Howland, United States und Ocean Hotel.

Außer obigen größeren Seebädern verdienen noch folgende Erwähnung:

Squan Beach und Sea Girt, N. J., via Pennsylvania Eisenbahn Bahnhof: 32ste und Market Straße.

Barnegat, N. J., via New Jersey Southern Eisenbahn, vom Market Straßen Quai.

Brigantine Beach, N. J., nahe bei Atlantic City und über diesen Platz zu erreichen.

Ocean Grove, N. J., (Methodistisch), nahe bei Long Branch und über diesen Platz zu erreichen.

Sea Grove, N. J., (Presbyterianisch), nahe bei Cape May und über diesen Platz zu erreichen.

Sitten und Gebräuche auf See-Badeplätzen.

Seebäder sind am stärksten während der Monate Juli und August besucht. Der Strand ist in der Regel eben und sandig. Die üblichen Badestunden sind von 10½ Uhr bis 12 Uhr Vormittags. Badehäuser und Anzüge, einschließlich Handtücher und Bedienung, sind zu mäßigen Preisen zu haben.

Es ist nicht gerathen zu lange im Wasser zu bleiben, 15 Minuten genügen; keinesfalls ist es zuträglich über 30 Minuten zu baden. Kalte und warme Seebäder können in Badeanstalten auf dem Strande genommen werden. Freunden von Rudern, und des Fischfanges ist reichliche Gelegenheit geboten, zuweilen auch den Freunden der Jagd. Conzerte finden in allen größeren Hotels statt, gewöhnlich nach dem Frühstück, nach dem Diner und des Abends. Bälle werden häufig gegeben. Wagen sind in großer Anzahl und zu mäßigen Preisen zu haben; über letztere sollte man sich immer vor dem Einsteigen verständigen.

Ausflüge von Philadelphia.

Anmerkung.—Siehe „Winke für Eisenbahnreisende." Die angesetzten Preise sind die gewöhnlichen. Spezielle Erniedrigungen für die Besucher der Ausstellung stehen in Aussicht. Da die Preise Aenderungen unterworfen sind, so sollte man sich zuvor in den Billetbureaux erkundigen wenn man einen Ausflug machen will.

Nach	Ueber folgende Eisenbahnen.	Bahnhöfe.	Distanz in Meilen	Preise von Durchbilletten
Atlantic City, N. J............	Camden & Atlantic...	Vine Str. Quai.	60	$2.00
Baltimore, Md.................	Phil., Wil. & Bal..	Broad & Wash.	98	3.15
Bedford Springs, Pa........	Pennsylvania..........	32ste & Market..	256	7.94
Bethlehem, Pa................	North Pennsylvania..	Berks & Amer...	55	1.65
Boston, Mass.................	Pennsylvania..........	32ste & Market..	319	10.00
Buffalo, N. Y................	Phil. & Reading......	13te & Cal'whl..	418	10.75
Cape May, N. J..............	West Jersey..........	Marketstr. Quai.	82	2.50
Charleston, S. C.............	Phil., Wil. & Bal..	Broad & Wash.	736	23.00
Chicago, Ill.................	Pennsylvania..........	32ste & Market..	822	20.00
Cincinnati, O................	„ „	„ „	667	18.00
Cleveland, O.................	„ „	„ „	504	12.25
Colorado Springs, Col.......	„ „	„ „	1963	81.75
Cresson, Pa.................	„ „	„ „	252	7.55
Delaware Water Gap, Pa....	„ „	„ „	108	2.95
Ephrata Springs, Pa........	Phil. & Reading......	13te & Cal'whl..	77	2.35
Galveston, Texas............	Phil., Wil. & Bal..	Broad & Wash.	1823	51.75
Gettysburg, Pa..............	Pennsylvania..........	32ste & Market..	130	4.32
Jacksonville, Fla............	Phil., Wil. & Bal..	Broad & Wash.	1101	34.75
Litiz Springs...............	Phil. & Reading......	13te & Cal'whl..	85	2.55
Long Branch, N. J..........	Pennsylvania..........	32ste & Market..	88	2.25
Mammoth Cave, Ky..........			871	26.40
Mauch Chunk & Switchb'f...	North Pennsylvania..	Berks & Amer...	88	2.65
Minnequa Springs, Pa......	Pennsylvania..........	32ste & Market..	242	7.50
Montreal, Canada...........	„ „	„ „	503	16.00
New Orleans, La............	„ „	„ „	1279	40.50
Newport, R. J..............	„ „	„ „	252	9.00
New York, N. J.............	„ „	„ „	90	3.25
Niagara Falls, N. Y.........	„ „	„ „	435	10.75
Oil City, Pa................	„ „	„ „	391	11.30
Pittsburgh, Pa..............	„ „	„ „	354	10.00
Quebec, Canada.............	„ „	„ „	616	18.50
Reading, Pa.................	Phil. & Reading......	13te & Cal'whl..	58	1.75
Richmond, Va...............	Phil., Wil. & Bal..	Broad & Wash.	271	9.85
St. Louis, Mo...............	Pennsylvania..........	32ste & Market..	974	25.00
Salt Lake City, Utah........	„ „	„ „	2380	115.50
San Francisco, Cal..........	„ „	„ „	3226	136.00
Saratoga, N. Y.............			270	8.15
Savannah, Ga...............	Phil., Wil. & Bal..	Broad & Wash.	840	27.00
Scranton, Pa................	North Pennsylvania..	Berks & Amer...	161	4.85
Valley Forge, Pa............	Phil. & Reading......	13te & Cal'whl..	23	.85
Washington, D. C...........	Phil., Wil. & Bal..	Broad & Wash.	141	4.50
Watkins' Glen, N. Y........	North Pennsylvania..	Berks & Amer...	300	8.15
White Mountains, N. H.....	Pennsylvania..........	32ste & Market..	350	14.50
White Sul. Sp'gs, W. Va..	Phil., Wil. & Bal..	Broad & Wash.	396	15.15
Wilkesbarre, Pa.............	North Pennsylvania..	Berks & Amer...	143	4.25
Yosemite Valley, Cal........	Pennsylvania..........	32ste & Market..	3286	188.00

Memoranda.

Memoranda.

Memoranda.

Memoranda.

Memoranda.

Memoranda.

Unterwirf diese Karte einem sorgfältigen Studium.

Plan des Platzes und der Gebäude

der

Centennial Ausstellung.

Diese Karte zeigt dem Besucher unter andern Punkten von Interesse:

1. Die Lage der Eingänge und Gebäude nebst deren officiellen Nummern.

2. Das Flaggensystem, welches die verschiedenen Klassen der Gebäude, bezeichnet.

3. Die Theile des Ausstellungsplatzes, auf welchen sich Gebäude, Anlagen, Wiesen oder Seen befinden, und durch verschiedene Farben bezeichnet sind.

4. Die Fahnen oder Marineflaggen und die Plätze und Gebäude einer jeden Nation, welche sich an der Ausstellung betheiligt.

5. Die Eisenbahnen und Straßenbahnen, auf welchen man nach dem Ausstellungsplatze gelangen kann.

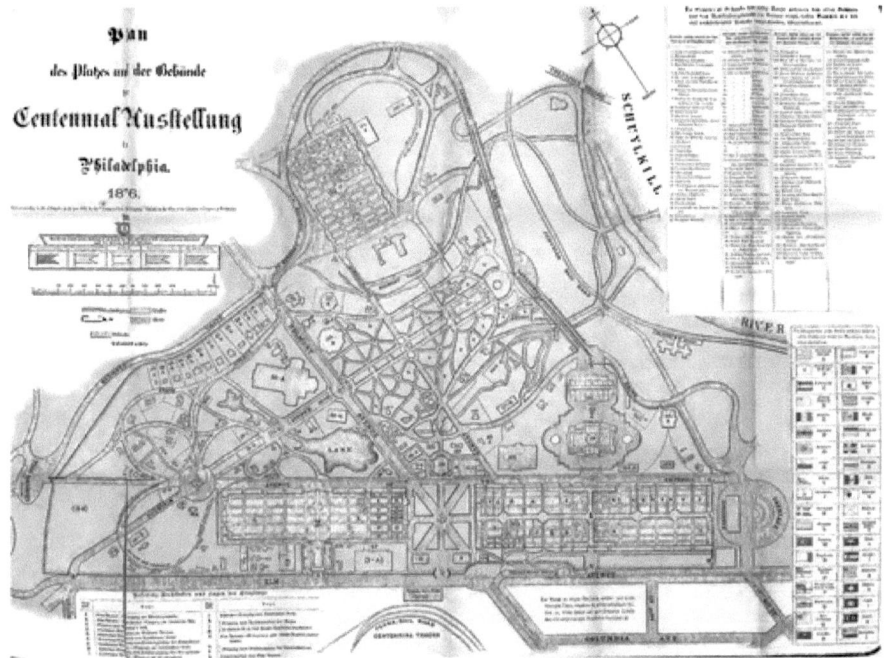